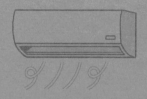

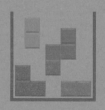

自分の可能性を広げる

ITおしごと図鑑

著 リブロワークス

くもん出版

はじめに

ITって何?

　みなさんは、「IT（アイティー）」というと、どのようなイメージを持っていますか？　聞いたことがあるけど、よく知らない、という人が多いかもしれませんね。

　ITはInformation Technology（情報技術）の略です。コンピュータそのものや、コンピュータを使った技術すべてを指す言葉になります。
　たとえば、私たちが日ごろよく使う、スマートフォンや動画サイト、ショッピングサイトなどはすべて、ITによって作られています。

　この社会では、ITに関わる仕事をしている人がたくさんいて、その人たちが、スマートフォンのアプリや、ショッ

ピングサイトなどを作っています。

　本書では、そんなITに関わるお仕事をたくさん紹介しています。お仕事ごとに、どんな内容で、どんな人が向いているのかといったことを、イラストを交えて解説しています。

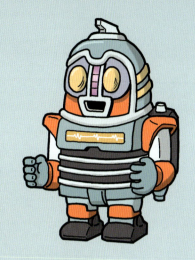

　また、ITのお仕事はちがいがわかりにくい部分があります。そこで、それぞれのお仕事で、具体的に何をしているのかもイラストで紹介することで、子どもだけではなく、社会人や、お父さんお母さんにとっても、わかりやすいものを目指して執筆しました。

　みなさんが大人になるころには、ITに関わる仕事はさらに増えていて、そういう仕事に就く可能性が高いかもしれません。本書が、IT業界への理解をより深め、将来はITのお仕事をしてみたいなと思うきっかけになれば、大変うれしく思います。

　では、ITのお仕事の世界に、一緒に飛びこんでいきましょう。

リブロワークス

はじめに　ITって何？ ──2

マンガ　ITについて知ってみよう！ ──8
　ITはとても身近なもの！ ──10
　AIで生活や仕事が大きく変化！ ──12
　IT人材は足りていない ──14
　IT人材ってどんな人？ ──16
　IT業界にはどんな会社があるの？ ──18
　この本の使い方 ──20

第1章 ◆ Webサイトを作るお仕事

マンガ　Webサイトって何？ ──22
　Webディレクター ──26
　Webデザイナー ──28
　フロントエンドエンジニア ──30
　サーバーサイドエンジニア ──32
　Webマーケター ──36
　Webライター ──38

マンガ　ITっておもしろいかも！ ──40

　【もっと知りたい！　お仕事について聞いてみよう】Webデザイナー ──34
　★コラム★エンジニアとプログラマーは何がちがうの？ ──42

第2章 ◆ ITインフラを作るお仕事

マンガ ITインフラを知ろう！ ─── 44

ネットワークエンジニア ─── 48
データベースエンジニア ─── 50
セキュリティエンジニア ─── 54
クラウドエンジニア ─── 56

【もっと知りたい！　お仕事について聞いてみよう】ネットワークエンジニア ─── 52
【もっと知りたい！　お仕事について聞いてみよう】クラウドエンジニア ─── 58
★コラム★プログラミング言語には種類がある ─── 60

第3章 ◆ ゲームを作るお仕事

マンガ ゲームに関わるお仕事って？ ─── 62

ゲームプロデューサー ─── 66
ゲームディレクター ─── 68
ゲームプランナー ─── 70
ゲームキャラクターデザイナー ─── 72
ゲームグラフィックデザイナー ─── 74
ゲームサウンドプログラマー ─── 76
ゲームプログラマー ─── 78
ゲームデバッガー ─── 80

★コラム★自分が作りたいゲームの種類を考えてみよう ─── 82

第4章 ◆ IoT機器を作るお仕事

マンガ 遠くからでも動かせる家電ってすごい！	84
組み込みエンジニア	88
テストエンジニア	90
QAエンジニア	92
データサイエンティスト	94
AIエンジニア	96
【もっと知りたい！ お仕事について聞いてみよう】データサイエンティスト	98
★コラム★IT以外で身につけた方が良い能力は？	100

第5章 ◆ システムの販売や社内システムに関するお仕事

マンガ 好きなことを伝える力をつけよう！	102
セールスエンジニア	106
ITヘルプデスク	108
フィールドエンジニア	112
社内SE	114
プロジェクトマネージャー・リーダー	116
【もっと知りたい！ お仕事について聞いてみよう】セールスエンジニア	110
【もっと知りたい！ お仕事について聞いてみよう】社内SE	118
★コラム★IT業界におけるテレワーク	120

第6章 ◆ ITに関わるその他のお仕事

マンガ もっとITのお仕事を調べてみよう！―――――――122
 ITコンサルタント―――――――――――――――124
 ブリッジSE――――――――――――――――――126
 IT研究開発――――――――――――――――――128
 情報科の先生―――――――――――――――――130
 ITインストラクター―――――――――――――――132
 IT書の編集者―――――――――――――――――134

   ★コラム★ITのお仕事の未来――――――――136

マンガ ITのこれから――――――――――――――――137

おわりに ITとの向き合い方―――――――――――――141
   参考文献／取材協力――――――――――――143

・本書で紹介している職種は、あくまで一例です。業界や企業、部署によって職種の分け方や呼び名、業務は異なる場合があります。
・本文については、教育的な配慮から厳密さよりもわかりやすさを重視している場合があります。
・本書で紹介している製品名等の名称は、すべて関係団体の商標または登録商標です。
・なお、本文中にTMマーク、®マーク、©マークは明記しておりません。

ITはとても身近なもの！

　ITはInformation Technology（情報技術）の略であり、コンピュータそのものや、コンピュータを使った技術すべてを指す言葉です。みなさんにとって、一番身近なコンピュータは、スマートフォンでしょう。

　スマートフォンは、持ち運べるサイズのコンピュータといえます。じつはそのほかにも、コンピュータは、私たちの生活のあらゆるところに存在します。まずは、身近にどのようなものがあるのかを見ていきましょう。

Webサイト

Webサイトとは、インターネットを通じて参照できる、ショッピングサイトや動画サイトなどのことです。Webサイトによって、お店に行かずに商品を購入できたり、DVDやBlu-ray Discといった映像ディスクを買わずに動画を観たりすることが可能です。

ゲーム

ゲームも、ITによって作られています。いまは、家庭用ゲーム機だけではなく、スマートフォンで遊べるゲームも数多くあり、より多くの人が気軽に遊べるようになっています。

IoT機器（IoT家電）

IoTとは、コンピュータだけではなく、車や家電といったあらゆるモノをインターネットに接続する技術のことです。たとえば、IoTに対応したスピーカー（スマートスピーカー）では、スピーカーに「音楽を流して」というだけで、インターネットを通じて音楽を再生することができます。

POSシステム

聞きなれない人が多いと思いますが、POSシステムは、コンビニエンスストアやスーパーの在庫を管理するもので、これもITによって作られています。コンビニエンスストアやスーパーに、いつもたくさんの商品が売られているのは、陰でこのPOSシステムが大活躍しているおかげなのです。

ITは、とっても身近なものなんだよ

こんなに生活に密着しているんだね！

AIで生活や仕事が大きく変化！

　ITのなかでも、近年とくに注目を集めているのが、AI（人工知能）です。テレビ番組やネットニュースなどでもよく取り上げられているので、聞いたことがある！という人が多いかもしれませんね。ITへの理解を深めるなら、外せないキーワードです。

　AIは、人の思考や認識をコンピュータ上に再現する技術です。AIが持つ機能をまとめて紹介します。使ったことがあるよ！と思う人もいるのではないでしょうか。

聞いたことは
あるけど
使ったこと
ないかも……？

どんなのが
あるのかなぁ？

文字認識

文字認識は、画像をもとにテキストを起こす機能です。たとえば、スマートフォンのカメラを、手書き文字などにかざすと文字が読み取れる機能は、文字認識によるものです。

音声認識

音声認識は、音声をもとにテキストを起こす機能です。たとえば、スマートフォンの音声入力を使って、スマートフォンに対して発した言葉をもとに、インターネット検索ができる機能は、音声認識によるものです。

画像認識

画像認識は、画像がどのような内容を表しているかを認識する機能です。たとえば、犬の画像と猫の画像がたくさんある場合に、画像認識ができるAIを使うと、犬の画像と猫の画像を、自動で分類できます。

また、AIの中でも、とくに注目を集めているのは、生成AIです。

生成AIとは、文章や音声、画像を生成するAIのことです。文章を書いたりイラストをかいたりといった、本来専門的な知識が必要だったものまで、AIが生成できるようになったので、とても注目されています。生成AIは相談相手のように利用したり、文章のチェックをさせたりすることもできるので、お仕事で活用するケースも増えています。

AIは私たちの生活やお仕事に、多くの変化をもたらしています。AIが注目を集めているのは、それだけ、ITが社会に浸透し、なくてはならない存在になっている証だともいえるでしょう。

> 生成AIの登場により
> AIは、より注目を集めるようになったわ
> ITのなかでもホットな話題といえるね

IT人材は足りていない

　私たちの生活の身近なところにはITがたくさんあり、ITのなかでもAIがとくに話題であることは、イメージできるようになったでしょうか。このように、いまの社会のなかには、ITによって作られたさまざまなものがありますが、これらはITに関するお仕事をしている人たちによって、支えられています。このITに関するお仕事をしている人を、IT人材と呼びます。

　しかし近年の日本では、IT人材が足りないといわれています。経済産業省の2016年の発表によると、2030年には最高で約79万人ものIT人材が不足すると予測されているのです。

なぜIT人材が足りていないのか

少子高齢化社会であること

ひとつ目の理由に、日本は少子高齢化社会である点があげられます。これはIT業界だけではなく、日本全体に関わる問題です。高齢者が増え、かつ子どもの数が減っているため、将来的にはお仕事をする人数が、約4割も減少すると予測されています。

IT人材はあらゆる分野で求められていること

ITが多くの分野で活用されるようになったので、IT人材はさまざまな分野や会社で求められるようになりました。会社間で、IT人材のうばい合いになっているのです。そのため、IT人材が欲しいけど、なかなか会社に入ってもらえない……と感じている会社も多くあります。

ITの進化スピードが速いこと

ITは、とても進化のスピードが速い業界です。インターネットを通じて動画を観るのも、かつてに比べて長時間の動画であっても、安定した通信速度で観ることができるようになっていますし、IoT機器もとても身近なものになりました。
進化のスピードが速いということは、IT人材に求められるITの知識もレベルアップしているということです。そのため、高い技術力を持ったIT人材になるには、ITのさまざまな知識を吸収することが求められますし、勉強に時間もかかります。

だから、IT人材が足りないっていわれているんだね

その通り！でも、だからこそIT人材は引っ張りだこともいえるよ！

IT人材ってどんな人？

　さまざまな分野で必要とされているIT人材ですが、IT人材とは、そもそもどんなことをおこなう人たちなのでしょうか。コンピュータに詳しい人というイメージがあるかもしれませんね。それはもちろんとても重要ですが、それだけではありません。

　なお一口にIT人材といっても、何をするのかはどのような会社に入るかなどにもよるので、詳細はP.26から紹介していきます。ここでは、一例をあげておきましょう。

どのようなシステムを作る必要があるのかを考える人！

システムとは、なんらかの機能を提供する、コンピュータのまとまりのことです。たとえば、銀行のATMは「お金の預け入れや引き出しといった機能を提供するシステム」といえます。

IT人材は、世の中にあるものについて「使いづらいな」「もっと便利にしたいな」という点を見つけて、どのようなシステムを作ればそれが解決するのかを考えます。つまり、ITをどのようにしたら社会に役立てられるかを考えて、システムの企画をする人、ということです。

作りたいシステムをどう作るのかを考える人！

作りたいシステムを決めたら、どうやったらそれが作れるのかを考えるのも、IT人材がおこないます。またシステムを作ることは、システムを開発する、と表現することが多いです。どのコンピュータをどう使えば実現できるのか、といった技術的な内容だけではなく、何人いればそのシステムが作れるのか、といった人集めの部分なども含まれます。

プログラミングによって システムを作る人!

システムを作る際、コンピュータがわかる言葉であるプログラミング言語を使って、処理の流れを書く必要があります。この業務を、プログラミングといいます。

IT人材は、プログラミングによってシステムを実際に作ることも担当します。

作ったシステムを 管理する人!

作ったシステムは、ただそのままおいておけば良いわけではありません。IT人材は、システムが正しく動くように運用したり、システムの利用者からの質問に回答したりといったこともおこないます。これは、多くの利用者が安心してシステムを使えるようにするための取り組みです。たとえば、家も建てたら終わりではなく、壊れた部分を修理したり壁を塗り替えたりといった、メンテナンスをしますよね。システムもそれと同じです。

　このように、IT人材は、コンピュータやシステムに関するさまざまなことを実施します。そのため、専門的な知識を持った技術者を表すエンジニアという言葉を使って、ITエンジニアとも呼びます。

　ITに関わるお仕事は、コンピュータに関することだけではなく、システムの企画や管理など、とてもはばが広いです。また、システムを作る場合でも、プログラミングをする時間より、その前の企画や、たくさんの人と会議をする時間のほうが長いことがほとんどです。そのためITは、さまざまな人が活躍できる業界です。

IT人材っていうと
コンピュータに詳しい人って
イメージしかなかったけど
いろいろなことを
やる人なんだね

そうよ!
だから自分の興味がわく
ITのお仕事を
この本で探してみましょ!

IT業界にはどんな会社があるの?

　一口にIT業界といっても、さまざまな会社があります。どのような会社があるのかを見ていきましょう。

Web系の会社

Webサイト(ショッピングサイト)を作ったり、管理や運営をしたりする会社です。

くわしくはP.26へ

インフラ系の会社

システムやアプリを動かす基盤となるもの(インフラ)を作ったり、運用したりする会社です。

くわしくはP.48へ

ゲームの会社

ゲームを作る会社です。ゲームには、家庭用ゲーム機からスマートフォンで遊べるものまで、さまざまな種類があります。

くわしくは P.66 へ

組み込み系の会社

ソフトウェアを家電などに組み込み、組み込み機器やIoT機器などを作る会社です。

くわしくは P.88 へ

システム販売の会社

自分の会社で作ったシステムや、ITのサービスを販売する会社です。

くわしくは P.106 へ

コンサルティングの会社

ITを活用したい会社に、ITについてアドバイスをする会社です。

システム導入計画

くわしくは P.124 へ

ITの教育をおこなう会社

ITの教育をおこなう会社です。ITについての教室を開催したり、IT教育のコンテンツ（書籍など）を制作したりする会社です。

くわしくは P.130 へ

この本では、作るものによってお仕事を分けて紹介していくよ！楽しみにしていてね！

この本の使い方

① お仕事の名前とイメージイラスト
② あったら役立つスキル
③ あったら良い資格・知識
④ お仕事の内容
⑤ このお仕事にまつわるキーワード
⑥ 具体的な作業とやりがいＰＯＩＮＴ
⑦ このお仕事に就くための基本のルート
⑧ 役立つスキルの具体的な内容
⑨ 関連するお仕事

第1章
Webサイトを作るお仕事

ショッピングサイトなどのWebサイトは、日常で一番身近なITといえるよ。どんな人たちが作っているのか、知るところからはじめてみよう。

これが Webサイト作りに関するお仕事だ！

▸ Webサイト作りのお仕事

Webサイトの方針を決める
Webディレクター

- **画面をデザインする**
  ### Webデザイナー
- **画面を作る**
  ### フロントエンドエンジニア
- **画面の処理を作る**
  ### サーバーサイドエンジニア

▸ Webサイトにのせる広告や文章に関するお仕事

- **マーケティングをおこなう**
  ### Webマーケター
- **Webサイトにのせる文章を書く**
  ### Webライター

【リーダーシップ】 × 【会話力】

Webサイト作りのリーダー！
Webディレクター

あったら良い
資格・知識
IT全般に関する資格
（ITパスポート、基本情報技術者）
Webに関する資格
（Web検定）

どんなお仕事？

Webサイトは、デザインをする人や文章を書く人、画面を作る人などたくさんの人がチームを組んで作ります。その中でまとめ役として指揮をするのが、Webディレクターです。ちなみにディレクターとは、英語で監督のことです。たくさんの人の協力が必要なことは、ディレクターがいるとスムーズに進められるのです。たとえば運動会でも、放送係や道具係、応援団など、たくさんの人が協力します。そして、ディレクターとして実行委員がみんなをまとめます。同様に、Webサイトの制作にもまとめ役のディレクターが必要なのです。

キーワード

インターネット

ネットワークとよばれる通信網をつなぐことで、世界中のコンピュータが通信できるしくみです。インターネットのおかげで、遠くはなれた場所に住んでいる家族や友だちとメールやチャットができたり、スマートフォンやパソコンからWebサイトが見られたりするようになっています。

具体的な作業はこんな感じ！

どういうWebサイトを作るのか、みんなの意見を聞いたり調べものをしたりしてまとめていきます。

やりがいPOINT
みんなでアイデアを出すのが楽しい！

Webサイト作りには、デザインなどをはじめ、さまざまな作業が必要です。そのためWebディレクターが、誰に何の作業を頼み、どんな予定で進めるかを考えて、Webサイト作り全体を管理します。

どうやってなるの？

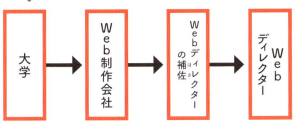

大学 → Web制作会社 → Webディレクターの補佐 → Webディレクター

まずはWebサイトを作る会社（Web制作会社）に入りましょう。ただし、すぐにはWebディレクターになれないことが多いです。このあと紹介するWebデザイナーとしてWebサイトの作り方を覚えたり、先ぱいのWebディレクターを手伝ったりして、経験を積んでいきます。

こんな人が向いているかも！

リーダーシップ 学級委員やクラブ活動の部長、班長をしている人

会話力 友だちや先ぱい、先生と話すのが好きな人

関係するお仕事
Webデザイナー（P.28）、フロントエンドエンジニア（P.30）、サーバーサイドエンジニア（P.32）、Webマーケター（P.36）

1章 Webサイトを作るお仕事

アイデア力 × 表現力

Webサイトの色や配置を考える！
Webデザイナー

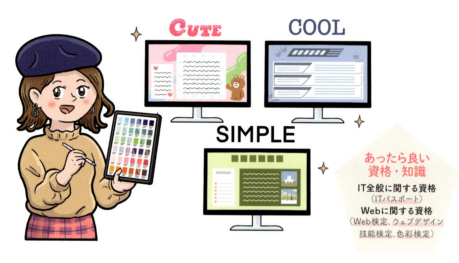

あったら良い資格・知識
IT全般に関する資格
（ITパスポート）
Webに関する資格
（Web検定、ウェブデザイン技能検定、色彩検定）

どんなお仕事？

Webサイトの見た目には、さまざまなものがあります。たとえば、ファッションブランドのWebサイトなら、ブランドのイメージを伝えるためのオシャレなデザインが多いです。一方、国や地方自治体、学校のWebサイトなら、オシャレさより、必要事項（じこう）の見やすさが重要なので、シンプルなデザインが多いです。このように、Webサイトの見た目（画面）を、内容や目的にあわせてデザインするのが、Webデザイナーです。たくさんの利用者が見る部分をデザインするので、Webサイト作りのなかでも、花形ともいえるお仕事です。

キーワード

デザイナー

対象物の色や配置、形、模様（もよう）などを考えるお仕事です。たとえば洋服のデザイナーなら、洋服の色や形などを考えます。Webサイト作りにおいては、Webサイトの色や項目の配置などを考えることを指します。

具体的な作業はこんな感じ！

Webサイトに必要な要素（項目やボタン、写真やイラストなど）の配置や色の案を考えます。

やりがいPOINT
多くの人が見るWebサイトのデザインを考えるのは楽しい！

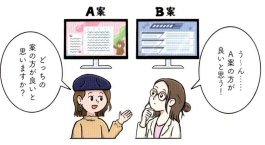

デザインした画面を、Webディレクターなどほかの人に見せて、意見をもらいます。みんなの意見をもらいつつ、デザインを完成させるのは、デザイナーのうでがなる場面です。

どうやってなるの？

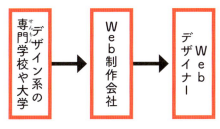

デザイン系の専門学校や大学 → Web制作会社 → Webデザイナー

Webデザイナーになるには、専門学校や大学でデザインの勉強をしておいたほうが有利です。学校でデザインを学んで基礎知識を身につけたうえで、Web制作会社に入ると良いでしょう。

こんな人が向いているかも！

アイデア力 文化祭の出し物のアイデアがたくさん出せる人

表現力 体育祭などのイベントポスターを作るのが好きな人

関係するお仕事
Webディレクター（P.26）、フロントエンドエンジニア（P.30）、サーバーサイドエンジニア（P.32）

1章　Webサイトを作るお仕事

論理的思考力 × 表現力

Webサイトの画面を作る！
フロントエンドエンジニア

あったら良い資格・知識
IT全般に関する資格
（基本情報技術者、応用情報技術者）
Web系のプログラミング資格
（HTML5※プロフェッショナル認定試験）

※エイチティーエムエルファイブ

どんなお仕事？

Webデザイナーがデザインした画面は、ボタンや写真などの要素を並べただけなので、たとえばボタンを押しても、何も処理はおこなわれません。その画面が実際にWebサイトとして動くには、プログラミングをする必要があります。Webサイトの画面をプログラミングするのは、フロントエンドエンジニアの役割です。フロントエンドとは、利用者が直接見たり操作したりする部分（画面など）を指す言葉であり、たくさんの人が見る部分を作るという点はWebデザイナーと同じです。一方、フロントエンドエンジニアには、プログラミングの能力が必要という特ちょうがあります。

キーワード

プログラミング

コンピュータに処理をおこなわせるとき、コンピュータがわかるプログラミング言語を使い、処理の流れを書く必要があります。この作業をプログラミングといいます。Webサイトをはじめ、スマホアプリやゲームもすべて、プログラミングによって作られています。プログラミング言語にはたくさん種類があり、フロントエンドエンジニアが使うのは主にHTML、CSS、JavaScriptという3つの言語です。

1章 Webサイトを作るお仕事

具体的な作業はこんな感じ！

Webデザイナーが作ったデザインをもとに、プログラミングによって、Webサイトの画面を作ります。

やりがいPOINT
Webサイトの見た目をプログラミングできるのはおもしろい！

作った画面が、正しく動くかを検証（テスト）します。もし、不具合が見つかったら、プログラミングによって修正します。

どうやってなるの？

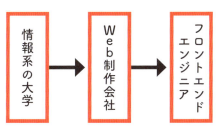

フロントエンドエンジニアになるには、情報系の大学に行くべき、というわけではないですが、そのほうが有利です。かんたんにでも、プログラミングにふれておくと、フロントエンドエンジニアになりやすいでしょう。

こんな人が向いているかも！

論理的思考力 数学（算数）や理科が好きな人

表現力 体育祭などのイベントポスターを作るのが好きな人

関係するお仕事
Webディレクター（P.26）、Webデザイナー（P.28）、
サーバーサイドエンジニア（P.32）

論理的思考力 × 調査力

Webサイトの処理を作る！
サーバーサイドエンジニア

あったら良い資格・知識

IT全般に関する資格
（基本情報技術者、応用情報技術者）

Linux（リナックス）の資格
（LPIC[※1] やLinuC[※2]）

※1 エルピック
※2 リナック

どんなお仕事？

Webサイトでは、さまざまな情報をあつかいます。たとえばショッピングサイトなら「どの商品を」「いつ」「誰が」注文したのか、という情報を管理しています。そのためWebサイトを作るには、それらの情報を処理したり保存したりするコンピュータ（サーバー）が必要になります。このように、Webサイトで入力された情報を保存するためのプログラミングをしたり、コンピュータの設定をおこなう人が、サーバーサイドエンジニアです。Webサイトの利用者から直接は見えない部分ですが、サーバーがないとWebサイトは成り立たないので、Webサイト作りにおける、えんの下の力持ちともいえるお仕事です。

キーワード

サーバー

何らかのサービスを提供するもの、という意味。「提供する人」を意味する「server」という英単語に由来する言葉です。ITにおいては、何らかのサービスを提供するコンピュータのことを指し、たとえば、Webサイトを提供するコンピュータのことは、Webサーバーといいます。

具体的な作業はこんな感じ！

フロントエンドエンジニアと会話して、サーバーで必要な処理を洗い出します。サーバーでおこなう処理を決定して、その内容をプログラミングすることで、フロントエンドエンジニアが作った画面とサーバーをつなげます。使うプログラミング言語は、PHP やJava、Ruby、Go などが多いです。

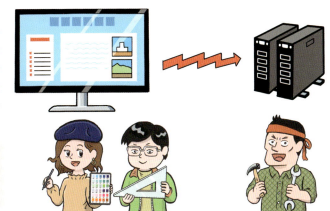

やりがいPOINT
画面で入力した内容が保存されるのは、サーバーサイドエンジニアのおかげ！

どうやってなるの？

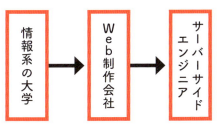

情報系の大学 → Web制作会社 → サーバーサイドエンジニア

サーバーサイドエンジニアになる場合も、必須ではありませんが、情報系の大学に行ったほうが有利です。かんたんにでも、プログラミングにふれておくと、サーバーサイドエンジニアになりやすいでしょう。

こんな人が向いているかも！

- **論理的思考力** 数学（算数）や理科が好きな人
- **調査力** インターネット検索など、普段から情報を集めることが好きな人

関係するお仕事
Web ディレクター（P.26）、Web デザイナー（P.28）、
フロントエンドエンジニア（P.30）

1章 Webサイトを作るお仕事

もっと知りたい！
お仕事について聞いてみよう

Web デザイナー

デザインっておもしろそう！

【 伊藤さんについて 】
- 30代
- 年収：450万〜
- Webデザイナー歴：8年6ヵ月
- 休み：土曜・日曜・祝日

1日の過ごし方

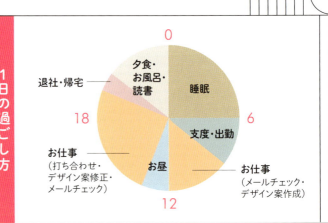

- 睡眠
- 支度・出勤
- お仕事（メールチェック・デザイン案作成）
- お昼
- お仕事（打ち合わせ・デザイン案修正・メールチェック）
- 退社・帰宅
- 夕食・お風呂・読書

知りたいあれこれ

1章 Webサイトを作るお仕事

必須アイテムは？
パソコンとデザインソフトです。パソコンにデザインソフトをインストールして、デザインをしていきます。文字情報や画像データ、動画データなど、たくさんのデータを使うのでパソコンの容量が大きいことが大切です。

今後の夢は？
Webデザインはデザインの流行があったり、新しいソフトやシステムが登場したり、常に進化し続けています。そのときのより良いデザインやソフトなどを柔軟（じゅうなん）に取り入れて、お客さまの問題解決につなげていきたいです。

おもしろいトコロ！
たくさんの会社やお店の人たちに出会えることです。また、お客さまはWebサイトで会社を紹介したい、商品を売りたいなどお悩みを持っています。そんなお悩みを、デザインの力で解決につなげられることが魅力（みりょく）です。

大変なトコロ！
プロとして、お客さまの期待以上の提案ができるよう、心がけています。予想を超える提案をすると、お客さまに喜んでもらえます。また、お客さまにご予算がある場合は、そのご予算にできるだけ合わせて提案しています。

| このお仕事を目指す子どもたちへ | Webデザインはデザインの力で「どうしたらワクワクさせられるか」「どうしたら魅力を伝えられるか」などを考える楽しいお仕事です。これまで目にして感動したものをたくさん吸収して、デザインに活かしてください！ |

リーダーシップ × 分析力

Webを使って売り上げアップを狙う！
Webマーケター

あったら良い資格・知識
Webに関する資格
（Web検定）
マーケティングに関する資格
（マーケティング・ビジネス実務検定）

どんなお仕事？

現在、多くの人がスマートフォンやタブレットを持っているので、商品を売る場合はインターネットを使ったマーケティングである、Webマーケティングが重要です。Webマーケティングをおこなう人を、Webマーケターと呼びます。具体的には、対象の商品を売るには、どの年齢や性別の人に、いつどのような広告を見てもらえると効果的かを分析します。その内容をもとに、WebサイトやSNSに広告をのせて商品を宣伝し、売り上げアップをねらいます。広告を作ることは1人ではできません。WebディレクターやWebライターなどさまざまな人と協力するので、Webマーケティングにおけるまとめ役ともいえます。

キーワード

マーケティング

テレビや動画サイトを観ていると、CMがたくさん流れています。これは、商品を作ってただお店に並べておくだけでは、商品は売れないためです。その商品の情報をたくさんの人に届けることで、初めて商品は売れるのです。商品を利用者に届ける一連の行動を、マーケティングといいます。

具体的な作業はこんな感じ！

どういった宣伝方法なら、買いたいと思ってくれる人に商品を知ってもらえるのかを考えます。そのとき、商品やサービスの現在の売り上げや他社商品などを分析することで、ヒントを得ることが多いです。

分析した内容をもとに、Web サイトや SNS に広告や記事をのせたり、イベントを開催したりします。

やりがいPOINT
自分が考えた宣伝のおかげで、良い商品がたくさんの人の手に渡る達成感！

どうやってなるの？

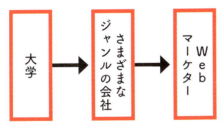

Web マーケターは、食品やファッション、雑貨など、とてもはば広い業界で必要とされているお仕事です。そのため、Web 制作会社でなくても、自分の興味がある会社の中で、Web マーケティング職に就くのが良いでしょう。

こんな人が向いているかも！

リーダーシップ 学級委員やクラブ活動の部長、班長をしている人

分析力 グラフや表の読み書きが得意な人

関係するお仕事
Web ディレクター（P.26）、Web ライター（P.38）

― 1章 Webサイトを作るお仕事 ―

| 文章力 | × | 表現力 |

WebサイトやSNSにのせる文章を書く！
Webライター

あったら良い資格・知識
IT全般に関する資格
（ITパスポート）
ライティングに関する資格
（Webライティング能力検定）

どんなお仕事？

Webサイトには、さまざまな文章がけいさいされています。たとえばショッピングサイトなら商品の説明や、注目の商品はどれなのか、といった内容ですね。ここまで紹介したWebディレクターやフロントエンドエンジニアが協力して作った **Webサイトにのせる文章を書く人が、Webライター** です。

Webライターは会社に属さない状態、つまり無所属（フリー）で活動している人も多くいます。自分が書いた文章がきっかけで商品が話題となり、売り上げを増やせる可能性もあるお仕事です。

キーワード

ライター

書く人を意味する「writer」のことです。IT業界に限ったお仕事ではなく、新聞の記事を書く人や、本を執筆する人など、文章を書くお仕事全般を指す言葉です。

具体的な作業はこんな感じ！

商品やサービスに関する特ちょうを分析して、どこを文章にもりこむ必要があるかを考えます。記事の内容は、Webマーケターが指示する場合もあります。

やりがいPOINT
何を書けばおもしろいと思ってもらえるか考えるのが楽しい！

企画の内容をもとに、実際に文章を書きます。おもしろいと思ってもらえるように文章を書くのは、Webライターのうでがなる場面です。書いた文章は、WebサイトやSNSに掲載（けいさい）されます。

やりがいPOINT
自分が書いた文章が、多くの人たちに読まれる喜び！

- 素材が軽い
- 家で洗える
- スタイルが良く見える

どうやってなるの？

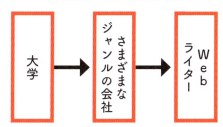

大学 → さまざまなジャンルの会社 → Webライター

WebライターもWebマーケター同様、とてもはば広い業界で必要とされているお仕事です。そのため、Web制作会社でなくても、自分の興味がある会社の中で、Webライター職に就くのが良いでしょう。

こんな人が向いているかも！

| 文章力 | 文章を書くのが好きな人 |
| 表現力 | 体育祭などのイベントポスターを作るのが好きな人 |

関係するお仕事
Webマーケター（P.36）、IT書の編集者（P.134）

1章 Webサイトを作るお仕事

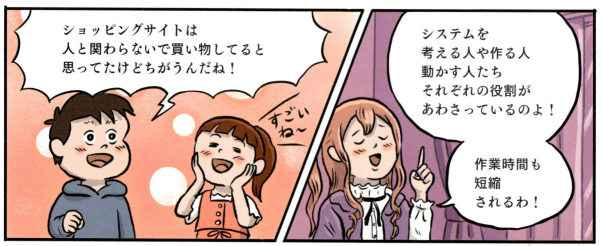

エンジニアとプログラマーは何がちがうの？

　本章ではフロントエンドエンジニアや、サーバーサイドエンジニアのお仕事を紹介しました。IT業界におけるエンジニアとは、IT知識を持った技術者のことです。IT業界ではエンジニアと似ているプログラマーというお仕事もあるのですが、ここでこの2つは何がちがうのかにふれておきましょう。

　システム開発は基本的に、以下の流れで進めます。

❶ **企画**：どのようなシステムを作るかを企画する。
❷ **設計**：システムの詳細な仕様を決定する。これを「設計」とよび、プログラミングの準備段階に該当する。
❸ **プログラミング**：設計した内容にそって、プログラミングする。システムそのものを作る工程である。
❹ **テスト**：作ったシステムに不具合がないかを検証する。
❺ **運用／保守**：システムが完成したら、システムの問い合わせに対応したりメンテナンスをしたりする。

　エンジニアは上記の❶〜❺全般を担当することが多いです。
　一方、プログラマーは主に❸を担当します（❹を担当することもあります）。

| 企画 | 設計 | プログラミング | テスト | 運用／保守 |

プログラマーの担当範囲

エンジニアの担当範囲

　このように、エンジニアとプログラマーは担当するお仕事の範囲が異なります。ITのお仕事を理解する際には重要なポイントなので、押さえておくと良いでしょう。

第2章
ITインフラを作るお仕事

Webサイトやスマホアプリなどの、
ITインフラを支えるお仕事を紹介します。
システムの土台から、
セキュリティの管理まで
さまざまな役割があるよ。

これが ITインフラ作り に関するお仕事だ！

<u>ネットワークを 作る</u>
ネットワーク エンジニア

<u>データベースを 作る</u>
データベース エンジニア

<u>セキュリティを 高める</u>
セキュリティ エンジニア

<u>ネットワークやデータベースを クラウドで作る</u>
クラウド エンジニア

| 論理的思考力 | × | 調査力 |

Webサイトやアプリが動く土台を作る！
ネットワークエンジニア

あったら良い資格・知識
ネットワークの資格
（ネットワークスペシャリストやCCNA※）

※シーシーエヌエー

どんなお仕事？

スマートフォンやタブレットでは、Webサイトを表示したり、アプリで動画を観たりすることができます。これは、スマートフォンやタブレットが、インターネットと呼ばれるネットワークに接続できるようになっているからです。ネットワークがないと、コンピュータ同士でやりとりをすることができないので、会社でもネットワークを作る必要があります。このネットワークを作るのが、ネットワークエンジニアです。ネットワークを作るには、ルータやスイッチといった機器が必要なので、コンピュータだけではなく、ネットワーク機器もあつかうのが、ネットワークエンジニアの特ちょうです。

キーワード

ネットワーク

あみ目状を意味する「network」に由来する言葉で、ものがあみ目状につながった様子を表します。たとえば、電車やバスの路線はあみ目状のものなので、「交通ネットワーク」と呼びます。ITにおけるネットワークは、コンピュータ同士をケーブルや電波でつないで、互いに通信がおこなえる仕組みを指します。

48

具体的な作業はこんな感じ！

どの部屋とどの部屋をネットワークでつなげるのか、つなげてはいけないのかなどを整理して、どのようなネットワークを作る必要があるかを考えます。

決めた内容にそって、実際にネットワークを作ります。自分の会社以外から依頼を受けてネットワークを作る場合は、依頼主の会社まで出向いて作業します。

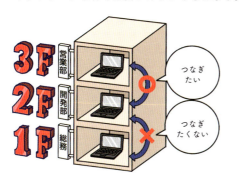

やりがいPOINT
ネットワーク機器を使って自分でネットワークを作るのはおもしろい！

どうやってなるの？

システム開発会社やネットワーク機器メーカーでの募集が多いです。自分の会社のネットワークを作るのか、依頼主の会社のネットワークを作るのかといった、どこのネットワークを作るのかは、会社によって変わります。

こんな人が向いているかも！

- **論理的思考力** 数学（算数）や理科が好きな人
- **調査力** インターネット検索など、普段から情報を集めることが好きな人

関係するお仕事
クラウドエンジニア（P.56）

2章 ITインフラを作るお仕事

論理的思考力 × 分析力

Webサイトやアプリのデータを整理する！
データベースエンジニア

あったら良い資格・知識
データベースの資格
（データベーススペシャリストやORACLE MASTER※）

※オラクルマスター

どんなお仕事？

会社は、お客さまや注文の情報、売り上げといったお金の情報など、さまざまな情報を所有しています。このたくさんの情報を保存したまとまりをデータベースといいます。データベースが使いやすくなるように、どういう構造で作れば良いかを考えたり、作ったりするのが、データベースエンジニアのお仕事です。ただし実際は、データベースエンジニアとして働いている人はまだ少なく、ほかのお仕事とけん任している人が多いです。いまの社会では、スマートフォンやタブレットの普及（ふきゅう）により、Big Data（ビッグデータ）と呼ばれるたくさんのデータが生まれているので、多くの会社から必要とされているお仕事です。

キーワード

データベースとDBMS（ディービーエムエス）

データベースは、data（データ）とbase（ベース／倉庫）という英単語を組み合わせた言葉です。データベースを実際に作成するには、DBMS（データベースマネジメントシステム）と呼ばれるソフトウェアを使います。データベースエンジニアは主に、DBMSを使ってお仕事をすることになります。

具体的な作業はこんな感じ！

会社で使うデータは種類・量ともに多様なので、まずは、種類と量を整理することが必要です。整理できたら、データベースにどのようにデータを保存するかを考えます。

データの量がとても多い場合は、データをどう保存するかだけではなく、データの容量（倉庫の大きさ）も考えます。

やりがいPOINT
ビッグデータは量が多い分、管理が難しいので、専門性が高い！　データベースエンジニアだからこそできるお仕事！

どうやってなるの？

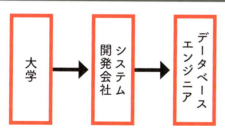

システム開発会社での募集が多いです。会社によって、自分の会社で使うデータベースを作るのか、依頼主の会社のデータベースを作るのかなどは変わります。その点は、事前にチェックしておくと良いでしょう。

こんな人が向いているかも！

- **論理的思考力** 数学（算数）や理科が好きな人
- **分析力** グラフや表の読み書きが得意な人

関係するお仕事
クラウドエンジニア（P.56）

もっと知りたい！
お仕事について聞いてみよう

ネットワークエンジニア

夕方にはお仕事もおわるんだね！

【 中村さんについて 】

- 50代
- ネットワークエンジニア歴：16年3ヵ月
- 休み：土曜・日曜・祝日・有給休暇（年間25日）

1日の過ごし方

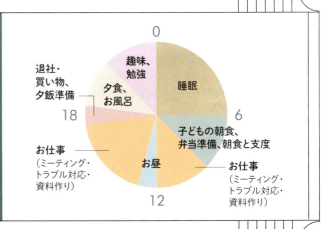

- 睡眠
- 子どもの朝食、弁当準備、朝食と支度
- お仕事（ミーティング・トラブル対応・資料作り）
- お昼
- お仕事（ミーティング・トラブル対応・資料作り）
- 退社・買い物、夕飯準備
- 夕食、お風呂
- 趣味、勉強

知りたいあれこれ

必須アイテムは？

ノートパソコンとスマートフォンがあれば、どこでも仕事ができます。リモートから会社内のシステムも使えるようになっています。

必須なスキルは？

情報収集スキルと学習スキルです。インターネット上にはたくさんの情報があふれています。Web上だけでなく、IT系の本もたくさん出ています。そこから必要な情報を収集して学習し、知識を増やしていく必要があります。

おもしろいトコロ！

新しい技術がでてくると、それをサポートするために勉強して覚える必要があります。大変ですが常にスキルをアップデートして、技術進歩についていくことがおもしろくて、やりがいがあります。

大変なトコロ！

お客様のネットワークが止まってしまったりすると、夜中でも電話がかかってきて対応します。それほど多くはありませんが、場合によっては寝て1時間くらいで起きて対応しなければならないこともあります。

このお仕事を目指す子どもたちへ ▶ いまは何でも、ネットワークにつながる時代です。これからもおもしろい技術が、どんどん登場してくると思います。これからのネットワークを担うエンジニアとして、一緒に働いてみませんか！

2章 ITインフラを作るお仕事

| 論理的思考力 | × | 向上心 |

会社にあるたくさんのコンピュータの守護神！
セキュリティエンジニア

あったら良い資格・知識
セキュリティの資格（情報セキュリティマネジメントや情報処理安全確保支援士、CISSP※）
※シーアイエスエスピー

どんなお仕事？

クラッカーという言葉を聞いたことがありますか？ クラッカーとは、ネットワークを通してコンピュータに悪いプログラムをこっそり仕こみ、コンピュータの中の情報をぬすみ出したり、コンピュータの動作をおかしくしたりする人のことです。会社には、名前やクレジットカード番号といった重要な情報がたくさんあるので、クラッカーから重要な情報やコンピュータを守る人が必要となります。それが、セキュリティエンジニアです。いまの社会では、パソコン以外にもスマートスピーカーやエアコンといった、ネットワークにつなげられる商品が増えているので、これからもより重要視されるお仕事といえます。

キーワード

セキュリティ

防御や安全を意味する「security」に由来する言葉です。ITにおいては、クラッカーや外部の人間からコンピュータや重要な情報を守ることを指します。

具体的な作業はこんな感じ！

社内のコンピュータに、セキュリティを守るソフトウェアを入れるなどして、コンピュータを守る取り組みをおこないます。

コンピュータの通信記録をチェックすることで、クラッカーによる攻撃がないかなどを監視するお仕事もあります。

やりがいPOINT
監視はセキュリティエンジニアならではの重要なお仕事！

 ## どうやってなるの？

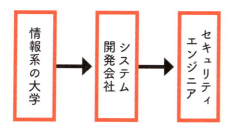

セキュリティエンジニアは、ITのお仕事の中でも高度な知識が必要なので、情報系の大学に行ったほうが有利です。システム開発会社以外でも、多くの業界で必要とされているお仕事のため、自分の興味がわく分野の会社で、募集しているところを探すのが良いでしょう。

 ## こんな人が向いているかも！

論理的思考力 数学（算数）や理科が好きな人

向上心 新しいことにチャレンジするのが好きな人

関係するお仕事
クラウドエンジニア（P.56）

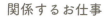

2章 ―ITインフラを作るお仕事

向上心 × 調査力

世界中の人に使ってもらえるアプリを作る！
クラウドエンジニア

あったら良い資格・知識
ネットワークの資格
（ネットワークスペシャリストやCCNA）
クラウドの資格
（AWS[※1]やAzure[※2]、Google Cloud[※3]認定資格）

[※1] エーダブリューエス
[※2] アジュール
[※3] グーグルクラウド

どんなお仕事？

クラウドエンジニアとは、クラウドを使って、システムやアプリを動かすための環境を作るお仕事です。クラウドを使うと、サーバーやネットワークを作ることがかんたんなんです。たとえばアメリカやイギリスなど、世界中のさまざまな場所でサーバーを作ることが容易にできます。そのためクラウドは、利用者数の変動が大きかったり、世界中に利用者がいたりするアプリを作るときによく使われます。本章のここまでで紹介したお仕事は、専門性が高いものばかりでしたが、クラウドエンジニアはサーバーやネットワーク、データベースなどのはば広い知識が必要な点が特ちょうです。

キーワード

クラウド

クラウドコンピューティングとはサーバーやネットワーク、データベースなどを、インターネットを通じて利用できるサービスの名前です。cloud とは英語で雲の意味です。サーバーなどが手元になくとも、画面でボタンをクリックしたり値（あたい）を入力するだけで、サーバーやネットワークが作れる様子が雲にたとえられ、「クラウド」と名づけられました。

具体的な作業はこんな感じ！

対象のシステムを動かすのに必要なものを整理して、クラウドのどのサービスを使うかの設計図をかきます。

設計図をもとに、クラウド上でシステムを作ります。クラウドはWebブラウザを使って操作できるので、実際にサーバー用のコンピュータを購入することは不要になります。

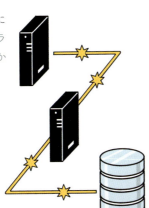

サーバーが2台で〜

やりがいPOINT
サーバーやネットワーク、データベースなど、多様な知識を組み合わせるところがおもしろい！

どうやってなるの？

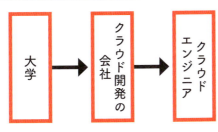

大学 → クラウド開発の会社 → クラウドエンジニア

クラウドを使った開発を専門にした会社があるので、そういった会社に入るのが近道です。クラウドを専門にしていなくても、クラウドを活発に使っている会社かどうかを調べておくと良いでしょう。

こんな人が向いているかも！

向上心 新しいことにチャレンジするのが好きな人

調査力 インターネット検索など、普段から情報を集めることが好きな人

関係するお仕事
ネットワークエンジニア（P.48）、データベースエンジニア（P.50）、セキュリティエンジニア（P.54）

2章 ITインフラを作るお仕事

もっと知りたい！
お仕事について聞いてみよう

クラウドエンジニア

こまめに勉強してるのね！

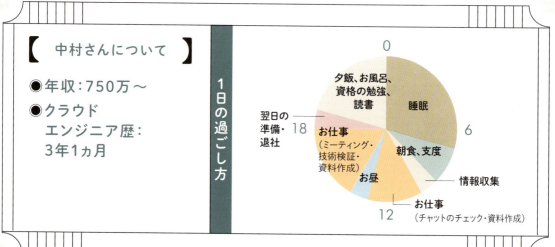

【 中村さんについて 】

- 年収：750万〜
- クラウドエンジニア歴：3年1ヵ月

1日の過ごし方

- 夕飯、お風呂、資格の勉強、読書
- 睡眠
- 翌日の準備・退社 18
- お仕事（ミーティング・技術検証・資料作成）
- お昼
- 12 お仕事（チャットのチェック・資料作成）
- 情報収集
- 朝食、支度
- 6
- 0

知りたいあれこれ

2章 ITインフラを作るお仕事

大変なトコロ！
新しいクラウドサービスや新機能、アップデートがものすごく多いので、それらをつねに勉強し続けていくことが大変です。

必須なスキルは？
クラウドは日々進化していて、1人ですべて覚えることはできません。そのためチームで仕事をすることが必要になるので、コミュニケーションスキルが必要です。

おもしろいトコロ！
クラウドで作ったシステムは、作って終わりではなく、その後もより使いやすいように変更しやすいです。なので、お客様がより満足してくれることが楽しいところです。

今後の夢は？
現在自分自身が持っている技術や、知識を活かして仕事をするのではなく、まったくちがう技術や、知識を使って仕事をしていたいです。

このお仕事を目指す子どもたちへ

僕がITにたずさわってからものすごい速さで技術が進化しており、その勢いはどんどんすごくなっております。いま必要なものより、自分が興味あるものをどんどん深掘りするのが良いと思います。

プログラミング言語には種類がある

コンピュータに何か処理をおこなわせたいとき、プログラミングをおこなう必要があることを紹介しましたね。プログラミングでは、コンピュータがわかる言葉であるプログラミング言語を使いますが、プログラミング言語にはたくさんの種類があります。代表的なプログラミング言語を紹介しておきましょう。

プログラミング言語	特徴
C言語（シー）	ハードウェアを制御するソフトウェアの開発によく使われる。実行速度が速い。
C++（シープラスプラス）	C言語を基（もと）に、プログラミングがしやすくなる機能が追加された言語。C言語同様、実行速度が速い。
Java（ジャバ）	異なる複数のOS（オーエス）上で実行できるソフトウェアを作れる。Webサイトや社内システムなどによく使われる。
Ruby（ルビー）	日本人のまつもとゆきひろさんが開発した言語。Webサイトの開発によく使われる。
Python（パイソン）	初心者でも書きやすい、シンプルな記法が特ちょう。データ分析やAI開発によく使われる。
JavaScript（ジャバスクリプト）	Webブラウザ上で動作する言語。Webサイトに動きをつける際に使われる。
Rust（ラスト）	C言語やC++と同様で、ハードウェアを制御するソフトウェアの開発によく使われる。比較的新しく作られた言語。

近年、とても人気があるプログラミング言語は、Pythonです。Pythonはシンプルな記法であり、かつAI開発などに使える追加機能が充実しています。そのためプログラミング初心者や、AI開発をするケースでよく使われています。また、Webサイトを作る際に必須なのはJavaScriptであり、会社内で使うシステムを作る際は、Javaが根強い人気を誇（ほこ）ります。

プログラミング言語にはそれぞれ特ちょうがあるので、システムの内容や目的に合わせて、適したものを選ぶ必要があります。

第3章
ゲームを作る お仕事

テレビゲームやスマホアプリのゲームは、
たくさんの人が関わって
作り上げているよ。
どのような仕事があるのか、
勉強してみよう。

これが ゲーム作り に関するお仕事だ！

```
            ゲームプロデューサー ┐
                   │            │
            ゲームディレクター  ├─ ゲームの内容を決める
                   │            │
            ゲームプランナー    ┘
                   │
    ┌──────────────┼──────────────┐
  絵をかく       音を作る       動きを作る
 キャラクター  ゲームサウンド    ゲーム
  デザイナー   プログラマー   プログラマー

   ゲーム                    ゲームの動きを
 グラフィック                 チェックする
  デザイナー                   デバッガー
```

| リーダーシップ | × | 会話力 |

ゲーム作りの総合責任者！
ゲームプロデューサー

あったら良い資格・知識
CG制作に関する資格
（CGクリエイター検定）
プログラミングの資格
（Unity®認定試験、Oracle認定Javaプログラマ）

※ユニティ

どんなお仕事？

ゲームは、企画する人やキャラクターをデザインする人、動きを作る人など、たくさんの人がチームを組んで作ります。特に近ごろのゲームは、キャラクターやストーリーが作りこまれているので、それぞれの専門家が集まって、役割分担して進めることが多いです。**ゲーム作りに関するすべてのことをまとめるお仕事が、ゲームプロデューサーです。**ただし、ゲームを作る業務を直接おこなうわけではありません。スポンサーになってくれる会社を探したり、ゲーム作りに必要な人を集めたり、宣伝方法を考えたりといった、ゲーム作りにおける、お金と人を管理するという点が特ちょうです。

キーワード

プロデューサー

プロデューサーは、ディレクターの上司といえる立場です。ゲームはひとつ作るのに数十人ぐらい参加することもあるので、たくさんの人を束ねるプロデューサーという立場が必要なのです。

具体的な作業はこんな感じ！

いまどのようなゲームが売れているのか、何が流行しているのかを調査して、ゲームの企画のもとになる情報をまとめ、ゲームディレクターに企画を出すようにうながします。

どうすれば多くの人に、作ったゲームをプレイしてもらえるのかも考えます。ゲームの内容にあわせた最適な宣伝方法（ポスターやCM、ゲームのコラボガチャなど）を探っていきます。

やりがいPOINT
どんなゲームを作れば売れるのかを考えるのはおもしろい！

やりがいPOINT
宣伝方法についても担当できるのは、プロデューサーならではのお仕事！

どうやってなるの？

情報系の大学やゲーム系の専門学校 → ゲーム制作会社 → ゲームプランナー → ゲームディレクター → ゲームプロデューサー

まずはゲームを作る会社（ゲーム制作会社）に入りましょう。ただし、すぐにゲームプロデューサーになれるわけではありません。このあと紹介するゲームプランナーとしてゲームの作り方を覚えたり、ゲームディレクターとしてゲーム作りの管理手法を学んだりして、経験を積んでいきます。

こんな人が向いているかも！

リーダーシップ 学級委員やクラブ活動の部長、班長をしている人

会話力 友だちや先ぱい、先生と話すのが好きな人

関係するお仕事
ゲームディレクター（P.68）、ゲームプランナー（P.70）

3章 ゲームを作るお仕事

[リーダーシップ] × [会話力]

ゲーム作りのリーダー！
ゲームディレクター

あったら良い資格・知識

CG制作に関する資格
（CGクリエイター検定）

プログラミングの資格
（Unity認定試験、Oracle認定Javaプログラマ）

どんなお仕事？

P.26ではWebディレクターというお仕事を紹介しましたが、ゲーム作りにおいても、みんなのまとめ役として指揮をするゲームディレクターというお仕事があります。ゲーム作りの全体スケジュール管理や、ゲームプランナー（P.70）への指示出しをおこないます。

ゲームプロデューサーもゲーム作りのまとめ役ではありますが、ゲームの売り上げに責任を持つお仕事です。一方、ゲームディレクターは、ゲーム企画をゲームプランナーと一緒に立てたり、企画したゲームをどう作るのかを考えたりする人であり、ゲーム作りそのものに責任を持つお仕事である、という違いがあります。

キーワード

ディレクター

Directorは、英語で「監督」のことであり、もの作りそのものについて責任を持つお仕事です。たとえば、テレビ番組作りにおける責任者のことは、テレビディレクターと呼びます。

具体的な作業はこんな感じ！

どういうゲームを作るのかを、ゲームプロデューサーやゲームプランナーと相談しながら決めていきます。

やりがいPOINT
ゲームの内容を自分で決められることのおもしろさ！

ゲームの内容が決まったら、誰にどれをいつまでに作業してもらうのか、全体的なスケジュールを決めます。各担当者からの質問に答えたり、トラブルが発生したりした場合は、その対応もおこないます。

【ゲームの仕様書作り】4/15〜7/30

【キャラクター作り】8/1〜8/31

【プログラミング】9/1〜11/30

どうやってなるの？

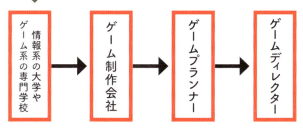

まずは、ゲーム制作会社に入りましょう。ただし、すぐにゲームディレクターになれるわけではありません。このあと紹介するゲームプランナーとしてゲームの作り方を覚えて、経験を積んでいきます。なお、ゲームプログラマーとして経験を積んだあとに、ゲームディレクターになることも可能です。

こんな人が向いているかも！

リーダーシップ 学級委員やクラブ活動の部長、班長をしている人

会話力 友だちや先ぱい、先生と話すのが好きな人

関係するお仕事
ゲームプロデューサー（P.66）、ゲームプランナー（P.70）

3章 ゲームを作るお仕事

アイデア力 ✕ **会話力**

ゲーム企画の立案者！
ゲームプランナー

あったら良い資格・知識
CG制作に関する資格
（CGクリエイター検定）
プログラミングの資格
（Unity認定試験、Oracle認定Javaプログラマ）

どんなお仕事？

ゲームプランナーは、ゲームの企画を立てることがお仕事です。ゲームのキャラクターやストーリー、世界観を考えることであり、ゲーム作りは、ゲームの企画を考えることから始まります。ゲームにはパズルゲームや、RPG（ロールプレイングゲーム）、シューティングゲームなどたくさんの種類があります。また、子ども向けから大人向け、男性向けや女性向けなど、対象にしている年齢や性別もさまざまです。そのためどんな人に向けたゲームにするかを考えながら、企画を立てる必要があります。実際にゲームの絵をかいたりプログラミングしたりするのは、ゲームグラフィックデザイナーや、ゲームプログラマーです。

キーワード

プランナー

Plannerは、企画を立てるお仕事のことです。何のプランナーなのかによって、企画を立てる対象は異なります。たとえば、ウエディングプランナーは、依頼主の要望をもとに結婚式について企画するのがお仕事です。

具体的な作業はこんな感じ！

どういうゲームを作るのかを、ゲームプロデューサーやゲームディレクターと相談しながら決めていきます。
会社から、企画について OK をもらったら、ゲームのコンセプトや内容、ルールなどをより具体的にまとめた「ゲーム仕様書」を作ります。作成したゲーム仕様書をもとに、ゲームグラフィックデザイナーやゲームプログラマーはゲーム作りをおこなっていきます。

やりがいPOINT
企画だけではなく、ゲームの細かい面を決めることは、ゲームプランナーならではのお仕事！

どうやってなるの？

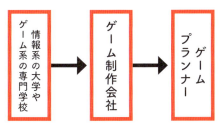

情報系の大学やゲーム系の専門学校 → ゲーム制作会社 → ゲームプランナー

まずは、ゲーム制作会社に入りましょう。ゲームをイチから企画することはとても難しいので、ゲームプロデューサーやゲームディレクターと相談しながら企画を立てることで、経験を積んでいきます。

こんな人が向いているかも！

アイデア力 文化祭の出し物のアイデアがたくさん出せる人

会話力 友だちや先ぱい、先生と話すのが好きな人

関係するお仕事
ゲームプロデューサー（P.66）、ゲームディレクター（P.68）

3章 ゲームを作るお仕事

アイデア力 × デッサン力

ゲームに登場するキャラクターを作る！
ゲームキャラクターデザイナー

あったら良い資格・知識
CG制作に関する資格
（CGクリエイター検定）
CG制作ソフトウェアに関する資格
（Illustrator※1クリエイター能力認定試験やPhotoshop※2クリエイター能力認定試験）

※1 イラストレーター
※2 フォトショップ

どんなお仕事？

ゲームにはとてもかわいい、またはかっこいいキャラクターがたくさん登場します。ゲームに出てくるキャラクターの顔や洋服、アイテムといった見た目をデザインするのは、ゲームキャラクターデザイナーのお仕事です。人間だけではなく、ゲームに登場する動物や怪獣（モンスター）、ロボットなどをデザインすることもあります。どのようなキャラクターにすればプレイヤーに楽しんでもらえるのかを考える必要があるので、豊富なアイデアが求められます。ゲームの魅力をになう最重要の要素ともいえる部分のため、とてもやりがいがあるお仕事です。

キーワード

ゲーム開発におけるデザイナー

ゲームにはキャラクターデザイナー以外のデザイナーとして、背景をデザインする背景デザイナー、炎や光といった効果（エフェクト）をデザインするエフェクトデザイナーがあります。これらのお仕事は専門性が高いので、役割分担して、別々の人がおこなうことがほとんどです。

3章 ゲームを作るお仕事

具体的な作業はこんな感じ！

キャラクターの見た目や性格をデザインします。最初は紙にえんぴつで、かんたんなイラスト（ラフ）をかくことでアイデアをまとめます。キャラクターだけではなく、ポーズも何パターンもかいていきます。

ラフをゲームプランナーや、ゲームプロデューサーに見せて意見をもらいます。何度か修正してOKをもらったら、清書や色づけをして完成させます。

やりがいPOINT
自分が作ったキャラクターがゲームに登場するかと思うと、ドキドキがとまらない！

やりがいPOINT
キャラクターがどんどん完成に近づいているワクワク感！

どうやってなるの？

デザイン系やゲーム系の専門学校や大学 → ゲーム制作会社 → ゲームグラフィックデザイナーなど → ゲームキャラクターデザイナー

絵をかくお仕事なので、人物や背景をえがく能力、IllustratorやPhotoshopといったソフトウェアを使える力が必要です。また、すぐにゲームキャラクターデザイナーになるのではなく、ゲームグラフィックデザイナーなどの経験を積んでからなることが多いです。

こんな人が向いているかも！

アイデア力 文化祭の出し物のアイデアがたくさん出せる人

デッサン力 絵をかくのが好きな人

関係するお仕事
ゲームグラフィックデザイナー（P.74）

73

| デッサン力 | × | 表現力 |

ゲームのキャラクターや背景を描く！
ゲームグラフィックデザイナー

あったら良い資格・知識
CG制作に関する資格
（CGクリエイター検定）
CG制作ソフトウェアに関する資格
（Illustratorクリエイター能力認定試験やPhotoshopクリエイター能力認定試験）

どんなお仕事？

ゲームには、とてもかわいいキャラクターや美しい背景など、たくさんの絵が使われています。この絵をかくのが、ゲームグラフィックデザイナーのお仕事です。ゲーム作りでは基本的に、CG（コンピュータグラフィックス）を使うので、コンピュータで絵をえがくためのソフトウェアで仕事をします。キャラクターや背景だけではなく、ゲーム開始時に表示されるタイトル画面やメニュー画面など、ゲームで表示されるイラストすべてに関わるお仕事です。

キーワード

CG（コンピュータグラフィックス）

コンピュータを使ってえがいた図形や絵、またそれらをえがく技術のことです。いまやゲームだけではなく、アニメや映画など、さまざまな作品作りで使われている技術です。コンピュータで絵をえがくソフトウェアとしては、3D（スリーディー）イラストならMAYA（マヤ）、2D（ツーディー）イラストなら、IllustratorやPhotoshopなどがあります。

3章 ゲームを作るお仕事

◆ 具体的な作業はこんな感じ！

キャラクターデザイナーや背景デザイナーが作ったイラストをもとに、**実際にゲーム中に登場する絵を、コンピュータ上でえがきます**。ゲームに使われる絵は膨大な数になるので、キャラクターをえがくキャラクターモデラー、背景をえがく背景モデラーなど、さらに役割分担する場合がよくあります。

やりがいPOINT
自分がかいたキャラクターがゲームに登場する喜び！

やりがいPOINT
自分がかいた背景がゲームの世界観を作る喜び！

◆ どうやってなるの？

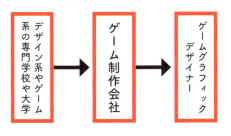

デザイン系やゲーム系の専門学校や大学 → ゲーム制作会社 → ゲームグラフィックデザイナー

絵をえがくお仕事なので、人物や背景をえがくデッサン力、MAYA や Photoshop を使える力が必要です。そのためゲーム系の専門学校や美術・デザイン系の大学でそれらについてしっかり学んでおくことが、ゲームグラフィックデザイナーになる近道です。

◆ こんな人が向いているかも！

- **デッサン力** 絵をかくのが好きな人
- **表現力** 体育祭などのイベントポスターを作るのが好きな人

関係するお仕事
ゲームキャラクターデザイナー（P.72）、ゲームプログラマー（P.78）

音楽の知識 × 論理的思考力

ゲーム中に流れる音を作る！
ゲームサウンドプログラマー

あったら良い資格・知識
音楽制作に関する資格
（MIDI※検定）
プログラミングの資格
（Unity認定試験、Oracle認定Javaプログラマ）

※ミディ

どんなお仕事？

ゲームをしていると、さまざまな音楽が流れます。作品の世界観や雰囲気を伝えるためのテーマ曲から、風の音や物と物がぶつかった音といった効果音、ボタンをおしたときの操作音などがあります。このような、**ゲームに必要な音をコンピュータで作るのが、ゲームサウンドプログラマーのお仕事です**。ゲーム中に流れる音は、ゲームのストーリーや展開をもり上げたり、ゲームのプレイヤーをドキドキさせたりするのに重要な要素のため、やりがいがとても大きいお仕事です。

キーワード

DTM（ディーティーエム）

コンピュータで音楽を作ることができるソフトウェアを、DTM（Desk Top Music）といいます。DTMにはさまざまな音を出す機能があるため、どの音をいつ出すのかといった情報をコンピュータに打ちこんでいくことで、音楽を作ることが可能です。DTMはゲーム音楽だけではなく、J-POP（日本のポップス）の制作などにも使われています。

具体的な作業はこんな感じ！

外部の作曲家などが作った音を、ゲーム中の決めたタイミングで流れるように、プログラミングをおこないます。プログラミング言語には、C++ や C#、Python などを使います。タイミングだけではなく、音の強弱や効果など、音がどう聞こえると良いかを考えて、プログラミングしていきます。音をひとつひとつ打ちこむのはとても地道な作業ですが、経験を積んでいけば、曲作りや曲選びなどに関われることもあります。

やりがいPOINT
自分がプログラミングした音が実際のゲームの中で流れることがうれしい！

どうやってなるの？

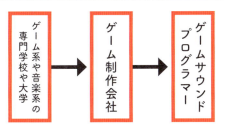

ゲーム系や音楽系の専門学校や大学 → ゲーム制作会社 → ゲームサウンドプログラマー

コンピュータで音楽を作るので、楽譜を読める能力やプログラミングスキルが必要です。まったくの未経験だとかなり難しいでしょう。そのため、ゲーム系や音楽系の学校で知識を身につけておきましょう。なお、音楽はコンピュータで作るので、楽器は弾けなくても問題ありません。

こんな人が向いているかも！

- **音楽の知識** 音楽が好き、楽譜が読める人
- **論理的思考力** 数学(算数)や理科が好きな人

関係するお仕事
ゲームプログラマー（P.78）

3章 ゲームを作るお仕事

77

論理的思考力 × 向上心

ゲームの動きを作る！
ゲームプログラマー

あったら良い資格・知識
プログラミングの資格
（Unity 認定試験、Oracle 認定 Java プログラマ）

どんなお仕事？

ゲームはコントローラーを操作することで、メニューを選択したりキャラクターを動かしたりして進めます。このゲームの動きを作るのが、ゲームプログラマーのお仕事です。ゲームの動きはすべて、プログラミングによって作られています。また、ゲームグラフィックデザイナーが作った絵をゲームとして動くようにするには、ゲーム画面上での動きだけではなく、ユーザー情報の管理やオンライン通信などをおこなう処理も必要です。ゲームの躍動感や、プレイしたときの楽しさや達成感に直結する、重要なお仕事です。

キーワード

ゲーム作りで使うプログラミング言語

ゲーム作りには、さまざまなプログラミング言語の知識が必要です。よく使われるのは、C++ や C#（Unity）です。Android 向けのスマホゲームであれば Java、iPhone 向けのスマホゲームであれば Swift が使われます。

具体的な作業はこんな感じ！

P.70で紹介したゲームプランナーはプログラミングにくわしいわけではありません。そこでゲームを企画するとき、企画内容がプログラミングで実現可能かどうかなど、意見を求められることがよくあります。

決定した企画内容を、プログラミングによってどう実現するのか、仕様を検討していきます。仕様を決めたら、ゲームのプログラミングをおこないます。

やりがいPOINT
開発だけではなく、企画から参加できる楽しみ！

やりがいPOINT
プログラミングによって、キャラクターに動きがついていくワクワク感！

どうやってなるの？

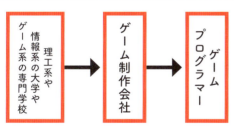

理工系の大学や情報系の大学やゲーム系の専門学校 → ゲーム制作会社 → ゲームプログラマー

ゲームの動きを作るには、数学の知識が必要です。そのため情報・理工系の大学に行くと有利です。高度なプログラミングスキルも必要なので、会社に入る前にかんたんにでも、プログラミングにふれておいたほうが良いでしょう。

こんな人が向いているかも！

論理的思考力 数学(算数)や理科が好きな人

向上心 新しいことにチャレンジするのが好きな人

関係するお仕事
ゲームグラフィックデザイナー（P.74）、ゲームサウンドプログラマー（P.76）、ゲームデバッガー（P.80）

3章 ゲームを作るお仕事

忍耐力 × 調査力

ゲームの不具合を見つける！
ゲームデバッガー

あったら良い資格・知識
プログラミングの資格
（Unity認定試験、Oracle認定Javaプログラマ）

どんなお仕事？

開発中のゲームには、最初はたくさんの不具合（バグ）が含まれています。ゲームを試しにプレイし、そのバグを見つけるお仕事を、ゲームデバッガーといいます。ゲームには、プレイヤーの操作によってストーリーがぶんきしたり、点数が変化したりといったように、さまざまなパターンがあります。ゲームデバッガーはそのパターンごとにゲームが正しく動くかを順番に確認します。見つけたバグは、ゲームプログラマーが修正します。バグを見つけるのには時間がかかるので、ねばり強さが必要なお仕事です。一方、ゲームのどのようなところに不具合ができやすいかがわかるので、プログラミングの基礎知識も身につきます。

キーワード

バグ

バグとはプログラムの不具合（エラー）のことで、もともとは、虫（bug）のことです。コンピュータが登場し始めたころ、虫がパソコン内部に入りこんだことが原因で、不具合を起こしたのが由来といわれています。バグを取りのぞくことは、デバッグ（debug。deが「のぞく」、bugが「虫」）といいます。

具体的な作業はこんな感じ！

ゲームデバッガーはゲームの動作確認をするのがお仕事ですが、動作確認するパターンや条件をまとめたもの（テストケース）を考えることもあります。テストケースは、ゲームのプログラマーと協力して作ります。

テストケース			確認
場面1	表示	表示にくずれがないこと	
	はいボタン	キャラクターのセリフAが表示されること	
	いいえボタン	キャラクターのセリフBが表示されること	

テストケースにそって、ゲームの動作を確認していきます。不具合を見つけたら、ゲームプログラマーに報告して修正してもらいます。

やりがいPOINT
ゲームをプレイすることが直接お仕事になる！

どうやってなるの？

専門学校や大学 → ゲーム制作会社 → ゲームデバッガー

ゲームデバッガーは、プログラミング言語などの専門的なスキルはあまり必要としないので、専門学校や大学で学んだ内容によって左右されず、未経験でも採用されるケースが多いです。ただし、普段からゲームをしている人のほうが、適したお仕事といえるでしょう。

こんな人が向いているかも！

忍耐力 漢字の書き取りやドリルなど、コツコツと作業するのが好きな人

調査力 インターネット検索など、普段から情報を集めることが好きな人

関係するお仕事
ゲームプログラマー（P.78）

自分が作りたい
ゲームの種類を考えてみよう

ゲームといっても、さまざまな種類があります。そのため、ゲーム業界のお仕事がしたい場合は、自分がどのゲームを作りたいのかを考えておき、その種類のゲームを開発している会社を探してみると良いでしょう。

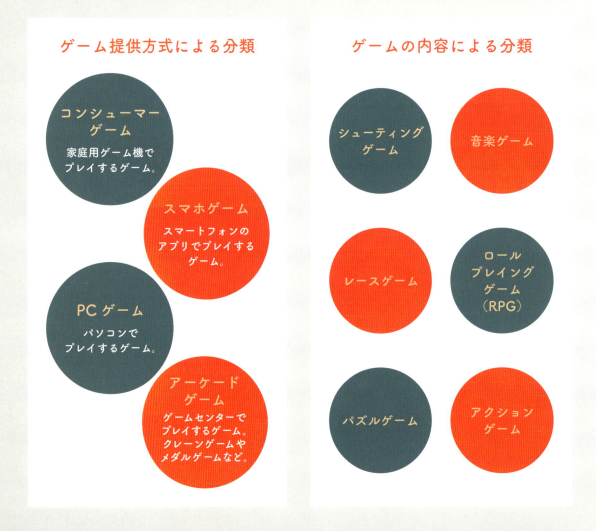

ゲーム提供方式による分類

コンシューマーゲーム 家庭用ゲーム機でプレイするゲーム。

スマホゲーム スマートフォンのアプリでプレイするゲーム。

PCゲーム パソコンでプレイするゲーム。

アーケードゲーム ゲームセンターでプレイするゲーム。クレーンゲームやメダルゲームなど。

ゲームの内容による分類

- シューティングゲーム
- 音楽ゲーム
- レースゲーム
- ロールプレイングゲーム（RPG）
- パズルゲーム
- アクションゲーム

第4章
IoT機器を作るお仕事

遠隔操作ができる家電、
IoT機器を作る人たちを紹介します。
システム作りから、
正常にシステムが作動するのか
チェックするお仕事などがあります。

これがIoT機器に関するお仕事の全体像だ!

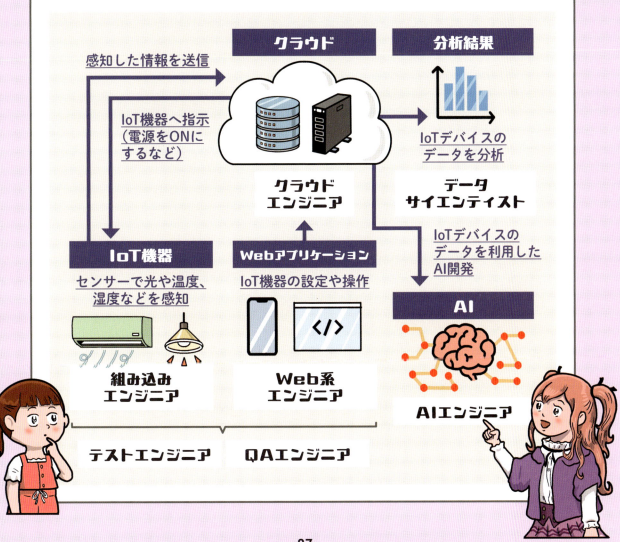

論理的思考力 × 機械の知識

IoT機器などを作る！
組み込みエンジニア

あったら良い資格・知識
IoTの資格（IoT検定）
プログラミングの資格（ネットワークスペシャリストやCCNA）

どんなお仕事？

IoT機器は、エアコンなどの物理的な機械だけでは完成しません。インターネットを通じて機器を操作できるようにするには、組み込みエンジニアが機械部分（ハードウェア）にプログラムを組み込む必要があります。このお仕事の特ちょうは、プログラムとプログラムを組み込む機械部分との両方の開発に関われることです。IoT機器の操作は、専用のWebサイトやスマホアプリから、クラウド経由で、IoT機器に通信することで実現するケースが多いです。IoT機器とクラウドをつなげる部分は、クラウドエンジニア（P.56）、IoT機器とWebサイトをつなげる部分は、Webサイト開発をおこなうエンジニアと協力します。

キーワード

IoT（Internet of Things）

コンピュータだけではなく、車や家電といったあらゆるモノをインターネットに接続する技術のことです。IoT技術を搭載した家電（エアコンやロボットそうじ機など）をIoT家電といい、家電量販店によく売られています。IoTに対応したエアコンなら、外出先から家のエアコンの電源をオンにするといったことが可能になります。

具体的な作業はこんな感じ！

IoT機器の開発では、IoT機器やクラウド、Webサイトそれぞれがおこなう処理を整理することが重要です。クラウドエンジニアやWeb系のエンジニアと協力して、それぞれどのようなプログラムが必要かを検討します。

決めた内容にそって、プログラムとハードウェアの両方を開発します。最終的には、作成したプログラムをハードウェアに反映します。
なお、開発したIoT機器のテストは、テストエンジニア（P.92）がおこなうことが多いです。

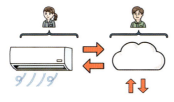

やりがいPOINT
三者で協力！

やりがいPOINT
プログラムとハードウェア、ふたつの開発に関われるのがおもしろい！

どうやってなるの？

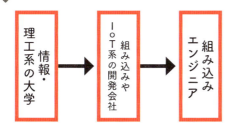

情報・理工系の大学 → IoT系の開発会社 → 組み込みエンジニア

組み込み開発は、プログラミングやハードウェア、ネットワークなど、はば広い知識が必要になるので、情報・理工系の大学に行きましょう。ショッピングサイトなどを開発している会社では、組み込み開発はおこなっていないことがほとんどなので、組み込みシステムやIoT機器などを専門に開発している会社に就職するのが良いでしょう。

こんな人が向いているかも！

論理的思考力 数学（算数）や理科が好きな人

機械の知識 工作や機械いじりなどが好きな人

関係するお仕事
クラウドエンジニア（P.56）

（4章 IoT機器を作るお仕事）

論理的思考力 ✕ **検証力**

IoT機器などをテストするプロ!
テストエンジニア

あったら良い資格・知識

IoTの資格
（IoT検定）

ソフトウェアテスト
技術者資格
（JSTQB※認定テスト
技術者資格）

※ ジェイエスティーキュービー

どんなお仕事？

学校では、授業の内容をどこまで理解できたかを確認するために、テストがおこなわれます。ソフトウェアも同じで、作ったソフトウェアが正しく動くかを検証（テスト）する必要があります。テストエンジニアとは、テストの計画や実施をおこなうお仕事です。IoT機器の開発は、IoT機器やクラウド、Webサイト間の接続や通信制御が複雑なため、テストの内容が、これまで紹介したショッピングサイトやゲームなどに比べて難しくなる傾向があります。そのため、IoT機器の開発には、IoT機器のテストを専門に進めるテストエンジニアが参加することが多くあります。

キーワード

ゲームデバッガーとテストエンジニアの違い

ゲームデバッガー（P.80）というお仕事を紹介しました。ゲームデバッガーとテストエンジニアは「テストをおこなうお仕事」である点は共通しています。しかし、ゲームデバッガーに対して、テストエンジニアはテスト方針の立案や計画といった、テストに関するより広い業務を担当するという違いがあります。

具体的な作業はこんな感じ！

テストをするには、テストするパターンや条件をまとめた、テストケースが必要です。テストケースは、テストエンジニアが、組み込みエンジニアやクラウドエンジニアなどと協力して作ります。

事前に作成したテストケースにそって、IoT機器の動作を確認していきます。不具合を見つけたら、組み込みエンジニアやクラウドエンジニアに報告して、プログラムや設定などを修正してもらいます。

やりがいPOINT
IoT機器を正しく動くものに導く！

シナリオ NO.	項目	内容	結果
シナリオ1	ディスプレイ	表示されること	
	入ボタン	電源が入ること	
	切ボタン	電源が切れること	

どうやってなるの？

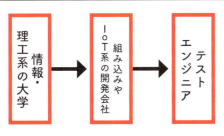

情報・理工系の大学 → 組み込みやIoT系の開発会社 → テストエンジニア

テストエンジニアは、IoT機器だけではなく、ほかの分野のシステム開発会社でも必要なお仕事です。IoTに関わりたい場合は、組み込みやIoT系の開発会社で、テストエンジニアとして就職するのが良いでしょう。なお、テストエンジニアであっても、情報・理工系の大学に行っておくのが有利です。

こんな人が向いているかも！

論理的思考力 数学(算数)や理科が好きな人

検証力 理科の実験など、何かを試すことが好きな人

関係するお仕事
QAエンジニア（P.92）

4章 IoT機器を作るお仕事

論理的思考力 × 検証力

品質管理のエキスパート！
QAエンジニア

あったら良い資格・知識
ソフトウェアテスト技術者資格
（JSTQB認定テスト技術者資格）

どんなお仕事？

IoT機器をテストするのは、テストエンジニアのお仕事でした。しかし、テストの対象が多かったりテストの内容が複雑だったりすると、テストエンジニアだけでは、不具合を見つけきれないこともあります。そんなときは、QAエンジニアの出番です。QAエンジニアは、ソフトウェアの品質を管理する専門家です。テストエンジニアがテストケースを作る際にお手伝いをしたり、テストの結果に問題がないかを確認したりします。ショッピングサイトなどの開発でもQAエンジニアが必要なケースはありますが、IoT開発はテストの複雑さから、QAエンジニアの出番が多い分野です。

キーワード

QA

QAエンジニアの「QA」は、Quality Assurance（品質保証）の略です。テストエンジニアはテストのプロなのですが、ミスが発生することや、他人にもチェックしてもらうことでようやくまちがいに気づくこともあります。QAエンジニアという第三者も参加することで、まちがいを減らすことが可能になります。

具体的な作業はこんな感じ！

テストエンジニアが作成したテストケースや、テストエンジニアがおこなったテスト結果をチェックします。テストが足りないと思われる点があれば、テストエンジニアに再テストを依頼します。

テストの結果をチェックするだけではなく、QAエンジニア自らテストすることもあります。その場合は、テストエンジニアがおこなったテストとは内容を変えて、確認していなかった視点から、不具合がないかをテストすることが多いです。

やりがいPOINT
最新の機器を実際に動かしたり試したりしてみるのはおもしろい！

どうやってなるの？

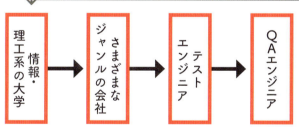

理工系の大学 情報 → さまざまなジャンルの会社 → テストエンジニア → QAエンジニア

テストエンジニア同様、さまざまなシステム開発会社で求められるお仕事です。ただし、QAエンジニアは品質管理のプロなので、すぐにはなれないこともあります。その場合は、テストエンジニアなどの経験を積んでいきましょう。

こんな人が向いているかも！

論理的思考力 数学（算数）や理科が好きな人

検証力 理科の実験など、何かを試すことが好きな人

関係するお仕事
テストエンジニア（P.90）

4章 IoT機器を作るお仕事

論理的思考力 × 分析力

データから新たな知見を得る！
データサイエンティスト

あったら良い資格・知識
統計の資格（統計検定）
データサイエンスの資格（DS※検定）
※ディーエス

どんなお仕事？

現在の情報社会では、大量のデータが生まれています。たとえばIoTでは、IoT機器やクラウドにおけるやりとりで、大量のデータが生成されます。IoT機器などから取得できるデータには、周辺の温度や湿度、どのような故障が発生したのかなどの情報が含まれていることが多いです。これらのデータはただ溜めておいてもあまり役に立ちません。しかし分析することで、IoT機器が各家庭でどのような使われ方をしているのか、IoT機器にどの故障が多いのかといった発見があります。このように、データサイエンティストは、データを分析することで新たな知見をえて、より良い商品やサービスの構築に役立てていくお仕事です。

キーワード

データサイエンス

統計学やAI（人工知能）などを用いてデータを分析し、新しい知識を見つけ出すことです。第2章では、いまの社会では、スマートフォンやタブレットの普及により、Big Dataと呼ばれるたくさんのデータが生まれていることを紹介しました。データサイエンスは、このビッグデータを活用するための方法であり、多くの会社から求められている活動です。

具体的な作業はこんな感じ！

組み込みエンジニアやクラウドエンジニアなどにヒアリングして、データからどのような点を知りたいと思っているのかを確認します。

ヒアリングした内容をデータから求めるには、どのようなデータをどういうグラフにまとめれば良いかを考えます。データ分析に使う方法を決める際は、数学や統計学の知識が必要です。

やりがいPOINT
分析することで、はじめてわかる事実を見つける！

どうやってなるの？

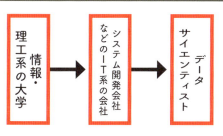

データサイエンティストも、テストエンジニアなどと同じで、IoT機器だけではなく、ほかの分野のシステム開発会社でも必要とされるお仕事です。また、データサイエンティストは数学や統計学のはば広い知識が必要なので、情報・理工系の大学に行っておいたほうが有利です。

こんな人が向いているかも！

- **論理的思考力** 数学（算数）や理科が好きな人
- **分析力** グラフや表の読み書きが得意な人

関係するお仕事
AIエンジニア（P.96）

【論理的思考力】×【分析力】

大量のデータを使ってAIを作る！
AIエンジニア

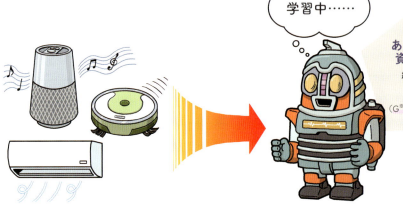

学習中……

あったら良い資格・知識
統計の資格
（統計検定）
AIの資格
（G※1検定、E※2資格）

※1 ジー
※2 イー

どんなお仕事？

近年、ニュースなどでもよく取り上げられるAI（人工知能）を作るお仕事についても紹介しておきましょう。AIは、大量のデータをコンピュータに学習させることで、データの傾向や特ちょうを見つけ出す機械学習という手法を使って作ります。AIエンジニアとは、IoT機器などから集めた大量のデータを使って、AIを作るお仕事です。
AIは非常に注目されている技術なので、これからより需要が高まるお仕事といえます。なお、AIとIoTは直接関係がある技術ではありませんが、両方を活用することで、工場での商品製造の自動化や、車の自動運転といった、さまざまな仕組みが実現できるとされています。

キーワード

AI（人工知能）

人の思考や認識をコンピュータ上に再現する技術です。AIの主な機能に、音声をもとにテキストを起こす音声認識や、画像をもとにテキストを起こす文字認識などがあります。スマートフォンの音声検索や、対象物をカメラにかざすとテキストが読み取れる機能などが例としてあげられます。

具体的な作業はこんな感じ！

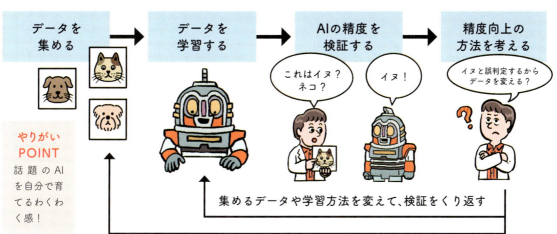

やりがいPOINT
話題のAIを自分で育てるわくわく感！

どうやってなるの？

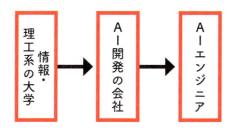

AIを使った開発を専門にした会社があるので、そういった会社に入るのが近道です。AI開発を専門にしていなくても、AI開発に関わっている会社かどうかを調べておくと良いでしょう。AIエンジニアも数学や統計学のはば広い知識が必要なので、情報・理工系の大学に行っておいたほうが良いでしょう。

こんな人が向いているかも！

論理的思考力 数学（算数）や理科が好きな人

分析力 グラフや表の読み書きが得意な人

関係するお仕事
データサイエンティスト（P.94）、IT研究開発（P.128）

4章 IoT機器を作るお仕事

もっと知りたい！
お仕事について聞いてみよう

データサイエンティスト

リサーチや打ち合わせがいっぱい！

【 越智さんについて 】
- 20代
- 月収：50万〜
- データサイエンティスト歴：3年
- 休み：週2日＋α

1日の過ごし方

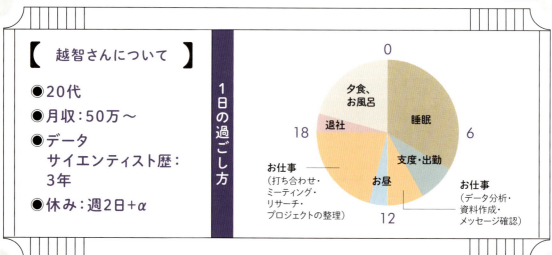

- 0 睡眠
- 6 支度・出勤
- 12 お昼
- お仕事（データ分析・資料作成・メッセージ確認）
- 18 お仕事（打ち合わせ・ミーティング・リサーチ・プロジェクトの整理）
- 退社
- 夕食、お風呂

知りたいあれこれ

4章 IoT機器を作るお仕事

必須アイテムは？
インターネットで調べ物をするときに、AIが助けてくれるサービスです。いろいろなWebサイトを見なくても、知りたいことをまとめてくれるのでお仕事の必需品（ひつじゅひん）です。

必須なスキルは？
誰かの視点に立って考えて、調べる必要があります。なので、誰かになりきって徹底的（てっていてき）に調べあげるリサーチスキルが必要です。

おもしろいトコロ！
まだほかの誰も知らないことを、自分が一番最初に知ることができるところ。自分が第一人者になれるのが、楽しいです。

今後の夢は？
もっとすごい発見をして世の中に届（とど）けることで、人々が生きがいを感じる世の中を創（つく）ることが夢です。

このお仕事を目指す子どもたちへ ▶ 「なんでだろう？」と興味を持ったことを、なんでも調べてみてください。そして、自分なりの答えを見つけてみましょう。たくさんやったら、すごいデータサイエンティストになれると思います！　応援してます！

IT以外で身につけた方が良い能力は？

IT業界でお仕事をするにはITの知識が必要ですが、ほかに必要な能力には、どのようなものがあるのでしょうか。ここでは、ITのどのお仕事であっても、共通して身につけておきたい能力についてふれておきましょう。

コミュニケーション能力

仕事は1人でおこなうのではなく、複数人で協力して進めます。また、システム開発に関しては、規模が大きいシステムなら、100人規模でチームを組んで進めることもあります。
そのため、他人と意思疎通をおこなえる「コミュニケーション能力」を持つことはとても重要です。コミュニケーション能力には、相手に自分の考えを伝えるだけではなく、相手の話を聞いて理解する能力も含まれます。

マネジメント力

システム開発には期限があるので、どのように進めれば期限に間に合うかを考えて進める必要があります。このことから、物事を効率的に進めるために、スケジュールやチームメンバーを管理する「マネジメント能力」を持つことはとても重要です。たとえば、スケジュール管理では、自分が・いつまでに・何の仕事をおわらせるのかだけではなく、後輩やほかの会社の人に、いつまでに、どの仕事をしてもらうのかといった、自分以外の仕事を管理することも必要です。また、後輩の質問に答えてあげたり、仕事におくれが発生した場合の解決策を考えたりといった対応ができる能力も含まれます。

ITのお仕事というと、1人でパソコンを操作しているイメージを持つ人もいるかもしれませんが、コミュニケーション能力やマネジメント能力が必要な点を覚えておくと良いでしょう。

第5章
システムの販売や社内システムに関するお仕事

システムを導入したい企業への売り込みや、利用している人のトラブル対応など、直接システムを作る以外にも、ITに関わるお仕事があります。

これがシステムの販売や社内システムに関するお仕事の全体像だ!

▸ システムの販売に関するお仕事

システムの営業担当
セールスエンジニア

システムの問い合わせ窓口
ITヘルプデスク

システムの設置やメンテナンス
フィールドエンジニア

▸ 社内システムに関するお仕事

社内システムの開発担当
社内SE

社内システムの開発まとめ役
プロジェクトマネージャー・リーダー

アイデア力 × 会話力

エンジニアと営業の二役をこなす！
セールスエンジニア

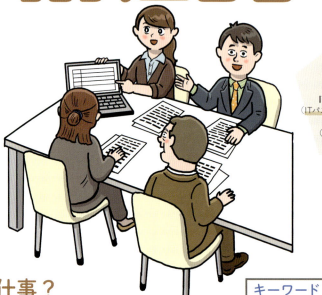

あったら良い資格・知識
IT全般に関する資格
（ITパスポート、基本情報技術者）
営業の資格
（セールススキル検定）

どんなお仕事？

システムは自社で利用したり、外部に公開したりするだけではなく、製品（パッケージ）として作るケースもあります。システムの販売は営業のお仕事ですが、ITやシステムの基礎知識はあっても、技術的な内容に詳しくないことはよくあります。それでは相手に、メリットを十分に伝えられません。そこで、ITの専門知識を活かして、システムを売るセールスエンジニアが活躍します。エンジニアと営業の二役を担当するので、自社商品やITなどのはば広い知識に加えて、専門的な内容を相手にわかりやすく伝える能力が必要です。なお、システム開発そのものやITサービスを販売するセールスエンジニアも多くいます。

キーワード

営業職

商品を売るお仕事です。営業とセールスエンジニアの違いは、ITの高度な知識を持っているかどうかです。ITの高度な知識を活かして、営業をより有利に働かせる役割がセールスエンジニアになります。

具体的な作業はこんな感じ！

営業は、システムの導入を考えている会社との窓口を担当します。一方セールスエンジニアは、営業の人と一緒に営業活動をおこないます。営業活動では、技術的な内容を説明したり相手の質問に答えたりすることで、相手がかかえる問題を、システムでどう解決するかを提案します。相手からシステムに対する要望があった場合は、システムの開発をおこなうエンジニアに相談し、システムの改善に役立てることもあります。

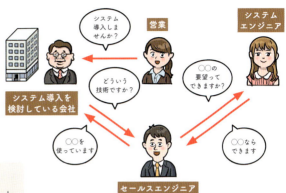

やりがいPOINT
自分のおかげでシステムが導入されたときはとてもうれしい！

どうやってなるの？

エンジニアと営業の二役を担当するので、未経験からセールスエンジニアになるのは難しい場合もあります。そのため、営業やシステムエンジニアで経験を積んでおくほうが有利でしょう。

こんな人が向いているかも！

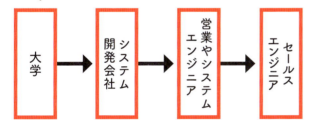

- **アイデア力** 文化祭の出し物のアイデアがたくさん出せる人
- **会話力** 友だちや先ぱい、先生と話すのが好きな人

関係するお仕事
フィールドエンジニア（P.112）

5章 システムの販売や社内システムに関するお仕事

[判断力] × [会話力]

トラブル対応の窓口！
ITヘルプデスク

あったら良い資格・知識
IT全般に関する資格
（ITパスポート、基本情報技術者）
システム運用に関する資格
（ITIL※ ファンデーション資格）

※アイティル

どんなお仕事？

システムや電子機器を利用する際、使い方がわからなかったり、不具合が発生したりするケースがあります。それらを解決するのがITヘルプデスクです。ITヘルプデスクは、自社商品の利用者からの問い合わせを受けつけます。後述する「フィールドエンジニア」は利用者のもとへ出向いてトラブル対応をおこないますが、ITヘルプデスクは主に、メールや電話で問い合わせに対応します。また、よくある問い合わせを整理して、ヘルプデスク内で共有する資料にまとめたり会社のホームページに掲載したりといった業務も担当します。対応する内容は、システムの基本的な操作方法になるので、ITのお仕事の中ではなりやすいお仕事です。

キーワード

ヘルプデスク
商品や、サービスに関する問い合わせに対応するお仕事です。ITだけではなく、電化製品や食品、ファッションといったさまざまな業界で、設置されている業務になります。

具体的な作業はこんな感じ！

利用者からの問い合わせがあったら、ITヘルプデスクが対応します。基本的な操作方法や、すでに対応策がわかっている不具合についての問い合わせなら、ITヘルプデスクのみで回答します。ITの専門知識がないと回答できない問い合わせなら、後述するフィールドエンジニアや、システムを開発したエンジニアに連絡し、回答や指示をもらいます。

やりがいPOINT
利用者の困りごとを自分が解決することで得られる達成感！

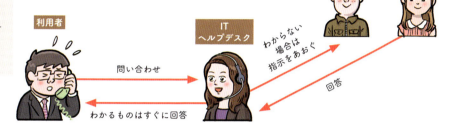

どうやってなるの？

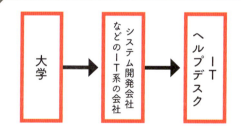

ITヘルプデスクは、システム開発は担当しませんが、システムに関する問い合わせ内容を理解する必要があるので、基礎的なIT知識は必要です。そのため、情報技術の資格を取得しておくとより有利です。

こんな人が向いているかも！

- **判断力** とっさに物事を判断できる人
- **会話力** 友だちや先ぱい、先生と話すのが好きな人

関係するお仕事
フィールドエンジニア（P.112）

5章 システムの販売や社内システムに関するお仕事

もっと知りたい！
お仕事について聞いてみよう

セールスエンジニア

朝活ができるなんてすてき！

【 宇都さんについて 】

- 20代
- 年収：700万〜
- セールスエンジニア歴：2年8ヵ月
- 休み：年間120日以上

1日の過ごし方

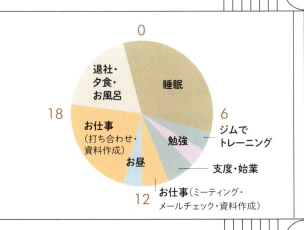

- 睡眠
- ジムでトレーニング
- 支度・始業
- お仕事（ミーティング・メールチェック・資料作成）
- お昼
- 勉強
- お仕事（打ち合わせ・資料作成）
- 退社・夕食・お風呂

知りたいあれこれ

必須アイテムは？

ノートパソコンやWeb会議ツールです。クラウド（AWS）の操作は、パソコンで操作しますし、リモートワークが標準なのでWeb会議で利用する、マイクやイヤホンなどが必要になります。

必須なスキルは？

何より、ITに興味があることです。お仕事に興味があって楽しむことができれば、大変なお仕事でも乗りこえることができます。

大変なトコロ！

日々新しいサービスが発表されるので、その技術進歩に自分もついていく必要があります。おとなになっても勉強し続ける必要があり、その時間を作ることが大変なところです。

今後の夢は？

技術のことがよくわかっていて、お客さまに寄りそった提案ができるセールスエンジニアになることです。

このお仕事を目指す子どもたちへ

最先端（さいせんたん）のITにたずさわり、素晴らしさを伝えられるのはセールスエンジニアならではです。どんなに技術が進歩しても、営業というお仕事はなくならないと思うので、興味がある方は目指してみてください。

5章　システムの販売や社内システムに関するお仕事

機械の知識 × 判断力

トラブルやメンテナンスならお任せ！
フィールドエンジニア

あったら良い
資格・知識
IT全般に関する資格
（基本情報技術者、応用情報技術者）
普通自動車免許

どんなお仕事？

システムや電子機器は、不具合が発生したり故障したりすることがあります。**フィールドエンジニアは、トラブルの対応やトラブルを起こさないように定期的なメンテナンスをするお仕事です。**ITのお仕事は、自分の席でパソコンを用いておこなうものが多いですが、フィールドエンジニアは、自社の商品を買ってくれた会社に自ら出向いて、トラブル対応やメンテナンスをおこないます。そのため、外出や出張が多いお仕事です。ITの知識だけでなく、想定外のトラブルでも解決できる対応力や、自社の商品を買ってくれた会社と良い関係を作れる、コミュニケーション能力が必要になります。

キーワード

メンテナンス

対象のものが壊れる前に、点検や調整をすることで、正常な状態を維持する取り組みです。システムや電子機器だけではなく、エレベーターや建物、道路なども定期的にメンテナンスがおこなわれています。

5章 システムの販売や社内システムに関するお仕事

具体的な作業はこんな感じ！

自社商品を買ってくれた会社に行って、商品を設置したり使い方を教えたりといったサポートをおこないます。それでフィールドエンジニアの役割は終わり、ということではなく、商品を使っていく上で発生してしまうトラブルの対応やメンテナンスといった、継続的なサポートもおこないます。

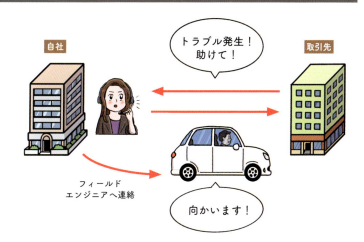

やりがいPOINT
さまざまな会社に直接行って困りごとを解決できる達成感！

どうやってなるの？

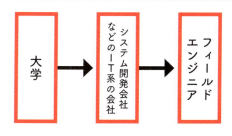

大学 → システム開発会社などのIT系の会社 → フィールドエンジニア

フィールドエンジニアは、会社の商品によって必要な知識が大きく異なるという特ちょうがあります。そのため、自分の興味がある商品やサービスを売っている会社に入るのが良いでしょう。また外出が多いので、車の免許取得が必須な会社もあります。

こんな人が向いているかも！

機械の知識 工作や機械いじりなどが好きな人

判断力 とっさに物事を判断できる人

関係するお仕事
セールスエンジニア（P.106）、ITヘルプデスク（P.108）

| 調査力 | × | 会話力 |

社内で使うシステムを作る！
社内SE

お金の管理システム

勤怠システム
9:00出社　　18:00退社

備品の管理システム

社内SE

あったら良い資格・知識
IT全般に関する資格
（基本情報技術者、応用情報技術者）
プログラミングの資格
（Oracle認定Javaプログラマ）

どんなお仕事？

社内SE（エスイー）とは、自分の会社内で使うシステム（社内システム）の企画や開発、運用をおこなうシステムエンジニアのことです。ショッピングサイトやゲーム、IoT機器などは会社の外にいるお客さまに向けて作るものでしたが、社内SEは社内の人が使うシステムを作るお仕事です。また、社内からのシステムに関する問い合わせ対応や、ほかの部署（しょ）からの要望をもとにしたシステムの改善（かいぜん）なども担当します。社内システムを開発するだけではなく、社内システムを社員に効率良く使ってもらうためにはどうすれば良いのかを考えることが必要な点が、特ちょうです。

キーワード

社内システム

自社の人が使うために作られた、仕事で必要な処理をおこなうシステムのことです。たとえば、売り上げや給料などのお金を管理するシステム、社員の勤務状況を管理するシステムなどが、社内システムに該当します。

5章 システムの販売や社内システムに関するお仕事

具体的な作業はこんな感じ！

システムであつかう業務にくわしい部署から話を聞きながら、社内システムを作ります。システムを作ったあとも、利用者から要望が上がることは多いので、要望をもとにシステムの改善も担当します。

システムに関する問い合わせ対応もおこないます。P.108で紹介したITヘルプデスクは、社外の人からの問い合わせに対応します。社内SEの場合、自社の人からの問い合わせに対応するのがお仕事です。

やりがいPOINT
会社の仕組みを、自分で作れるおもしろさ！

どうやってなるの？

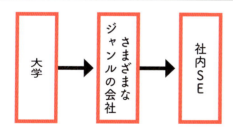

大学 → さまざまなジャンルの会社 → 社内SE

会社内でのお金や人の管理には、システムが使われることが多いです。社内SEはIT業界だけではなく、食品やファッションなど、とてもはば広い業界で必要とされているお仕事です。そのためIT系の会社でなくても、自分の興味がある会社の中で、社内SEになるのがおすすめです。

こんな人が向いているかも！

調査力 インターネット検索など、普段から情報を集めることが好きな人

会話力 友だちや先ぱい、先生と話すのが好きな人

関係するお仕事
プロジェクトマネージャー・リーダー（P.116）

[リーダーシップ] × [会話力]

システム開発のまとめ役!
プロジェクトマネージャー・リーダー

プロジェクトマネージャー

プロジェクトリーダー

指示 指示

社内SE

あったら良い資格・知識
IT全般に関する資格
（基本情報技術者、応用情報技術者）
プログラミングの資格
（Oracle認定Javaプログラマ）

どんなお仕事？

社内システムの開発に限ったお仕事ではなく、ショッピングサイトなどの開発でも必要とされるお仕事です。ただし、社内SEで経験を積んだ人が、社内システム開発のプロジェクトマネージャー・リーダーになることは多くあります。プロジェクトマネージャーとは、システム開発の責任者のことです。システムの設計などのシステム開発の作業を直接おこなうことは少なく、主にシステム開発に必要なお金や人を集めるのがお仕事です。プロジェクトリーダーは、プロジェクトマネージャーが集めたお金や人を活用し、システム開発を進めるまとめ役です。スケジュール管理や、社内SEへの指示出しをおこないます。

キーワード
プロジェクト

独自の目的を達成するために、期間を決めておこなうお仕事のことです。システムにはさまざまな種類があり、かつ期間を決めて作るものなので、システム開発はプロジェクトといえます。プロジェクトマネージャーはプロジェクトの責任者（マネージャー）、プロジェクトリーダーはプロジェクトのリーダーであることからつけられた名前です。

具体的な作業はこんな感じ！

【プロジェクトマネージャー】

開発するシステムの内容や大きさを整理したうえで、システムを作るのに必要なお金を計算し、会社から許可をもらいます。人を集める際は、ほかの部署や会社に声をかけます。実際にシステム開発が始まったら、プロジェクトリーダーの相談にのるのもお仕事です。

【プロジェクトリーダー】

システム開発を進めるにあたり、誰にいつ何のお仕事をしてもらうのかを決めます。システムの品質を管理するのもプロジェクトリーダーの役割なので、システムエンジニアが作成した資料などをチェックするのもお仕事です。

どうやってなるの？

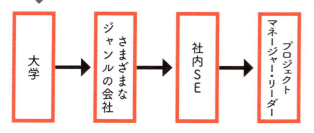

大学 → さまざまなジャンルの会社 → 社内SE → プロジェクトマネージャー・リーダー

まずは自分が興味のある会社に、社内SEとして入りましょう。すぐにプロジェクトマネージャー・リーダーになれるわけではないので、社内SEとしてシステム開発の知識を身につけることで、経験を積んでいきます。

こんな人が向いているかも！

リーダーシップ 学級委員やクラブ活動の部長、班長をしている人

会話力 友だちや先ぱい、先生と話すのが好きな人

関係するお仕事
社内SE（P.114）、ITコンサルタント（P.124）、ブリッジSE（P.126）

5章 システムの販売や社内システムに関するお仕事

もっと知りたい！
お仕事について聞いてみよう

社内SE

社員が過ごしやすい環境作りがお仕事なんだね！

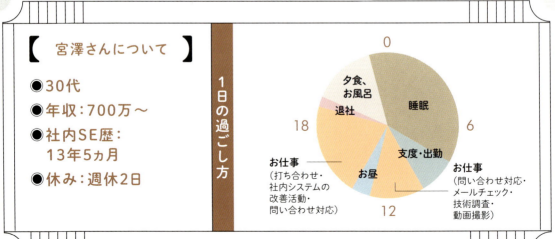

【 宮澤さんについて 】
- 30代
- 年収：700万〜
- 社内SE歴：13年5ヵ月
- 休み：週休2日

1日の過ごし方

- 睡眠
- 支度・出勤
- お仕事（問い合わせ対応・メールチェック・技術調査・動画撮影）
- お昼
- お仕事（打ち合わせ・社内システムの改善活動・問い合わせ対応）
- 退社
- 夕食、お風呂

知りたいあれこれ

5章 システムの販売や社内システムに関するお仕事

大変なトコロ！
新しいシステムの導入などをおこないながら、社員メンバーの問い合わせの対応など、システムの導入と運用がつねに並走している点です。

必須なスキルは？
社内SEというとエンジニアというイメージが強いですが、役割としては社内システムを従業員に効率良く使ってもらうことが重要なので、コミュニケーションスキルが必須です。

おもしろいトコロ！
ITに関わる、新しい技術にふれることができることやその技術を調べるなかで、世界で今どんなものが流行っているのかを、自然に知ることができる点です。

今後の夢は？
セキュリティ分野などの、知識への理解を深めていって、会社全体の情報システム戦略を立案、推進できるようになりたいです。

このお仕事を目指す子どもたちへ ▶ 好きなものを見つけて、それに情熱を持てる人になっていてほしいです。いろいろな仕事をしていくなかで、好きなことを見つけることができ、そこから楽しみを感じることができるはずです。

IT業界における テレワーク

　雑誌やニュースなどで「テレワーク」という言葉を見かけたことがあるでしょうか？　テレワークとは、Tele（離れた）とWork（仕事）を組み合わせた用語であり、本来業務をおこなう場所とは別の場所（自宅やカフェなど）で、仕事をおこなう方式のことです。

　柔軟な働き方をうながす制度であり、たとえば子育てをしてる人や、遠方に住んでいる人も仕事がしやすくなるなどのメリットがあります。なお、1週間すべてテレワークするのではなく、週5日間のうち、3日間は会社に行き、残り2日間はテレワークするといった、職場勤務とテレワークを組み合わせた働き方をしている人も多くいます。

　もともとテレワークという制度は存在していましたが、2020年からの新型コロナウイルス感染症（COVID-19）の流行をきっかけに、テレワークを導入する会社は増加しました。それはIT業界でも同じで、多くのIT系の会社がテレワークを導入しています。システム開発に関するお仕事は、基本的にはテレワークしやすいものが多いという理由もあるのでしょう。ただし、セールスエンジニアやフィールドエンジニアといった、お客さんと直接会話が必要な一部のお仕事ではテレワークは難しいのが現状です。また、会社によってはテレワークを導入していないところもある点を覚えておきましょう。

第6章
ITに関わる その他のお仕事

システムを作る、売るなど以外にも
ITに関わる仕事はたくさんあります。
コンサルタントや、教師など
興味のはばを広げてみましょう。

これがITに関するその他のお仕事だ！

システム開発を提案	海外でのシステム開発を支援	ITの研究開発をおこなう
ITコンサルタント	**ブリッジSE**	**IT研究開発**

IT教育をおこなう		ITの情報を発信
高校で教える	パソコン教室や会社で教える	
情報科の先生	**ITインストラクター**	**IT書の編集者**

アイデア力 × 会話力

ITに関する問題を解決するプロ！
ITコンサルタント

あったら良い資格・知識
マネジメントの資格
（プロジェクトマネージャ試験、ITストラテジスト試験）
会社経営の資格
（中小企業診断士）

どんなお仕事？

システムを作るには、プログラミングだけではなく、テストの進め方やスケジュールの管理手法といった、はば広い知識が必要です。システムを作りたいと思っても、自分の会社にいるメンバーだけでは、その知識をカバーできないことがよくあります。ITコンサルタントとは、お客さまがかかえる、ITに関する問題について、解決方法を提案するお仕事です。商品を売ったりシステムを作ったりすることでお金をもらうのではなく、解決方法の提案を対価にお金をもらう点が特ちょうです。相手の話を聞くのが特に重要なお仕事なので、兄弟姉妹や友だちの相談にのってあげるのが好きな人に向いています。

キーワード

コンサルタント

お客さまの相談事を聞いて、解決方法を提案するお仕事です。「相談する」を意味する「consult（コンサルト）」から名前がつけられました。ITだけではなく、会社の経営や採用活動など、さまざまな分野で必要とされているお仕事です。

具体的な作業はこんな感じ！

お客さまに何らかの解決方法を提案するには、まずお客さまが何に困っているかをじっくり聞く必要があります。細かく質問を重ねていくことで、お客さまが何に困っていて、どういった解決を望んでいるかを、確認していきます。

お客さまのかかえる問題を解決するには、ITをどう活用すれば良いかを考えます。お客さまの予算とのかね合いもあるため、お金や手間が異なる案を、複数考えることが多いです。

やりがいPOINT
問題を一緒に考えて解決することで味わえる達成感！

	A案	B案	C案
手間	○	○	◎
お金	○	◎	△

どうやってなるの？

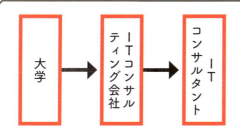

大学 → ITコンサルティング会社 → ITコンサルタント

新卒でITコンサルティング会社に就職するのが一番の近道です。ただし、ITコンサルタントには、IT業界のはば広い知識が必要なので、ほかの章で解説したような、システム開発の経験を積んでからなるという道もあります。

こんな人が向いているかも！

アイデア力 文化祭の出し物のアイデアがたくさん出せる人

会話力 友だちや先ぱい、先生と話すのが好きな人

関係するお仕事
プロジェクトマネージャー・リーダー（P.116）

6章 ITにかかわるその他のお仕事

125

語学力 × 交渉力

海外でのシステム開発を支援！
ブリッジSE

あったら良い資格・知識
マネジメントの資格
（プロジェクトマネージャ試験）
語学系の資格
（TOEIC®）

※トーイック

どんなお仕事？

システム開発は日本国内でおこなうことが多いですが、予算や技術力の関係で、海外の会社にシステム開発を頼むこともよくあります。そのときに一番課題となる点は、コミュニケーションです。海外のエンジニアと日本のエンジニアでは言語はもちろんのこと、互いの文化や仕事の進め方が異なるケースもあるので、意思疎通をしっかりとおこなわないと、システム開発はうまく進みません。そこでブリッジSEの出番です。ブリッジSEとは、海外のエンジニアと日本のエンジニアの橋渡しをするお仕事です。この橋渡しという意味から、橋（ブリッジ）という名前がつけられています。

キーワード

SE

SEとはシステムエンジニア（System Engineer）の略語です。海外との橋渡し役であるエンジニアを、ブリッジシステムエンジニアやブリッジエンジニアと呼ぶこともありますが、ブリッジSEと呼ぶことのほうが多いです。

具体的な作業はこんな感じ！

日本のエンジニアが伝えたいことを通訳して、海外のエンジニアとコミュニケーションをとります。日本と相手の国の違いを十分に理解したうえで、お互いが働きやすいように気を配ることが必要です。また、海外のエンジニアに資料を送るとき、翻訳をしたり説明や図を足したりなどをおこない、情報が正しく伝わるように工夫します。

やりがいPOINT
国境をこえてさまざまな人とお仕事ができるおもしろさ！

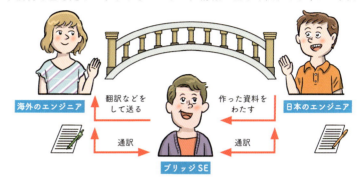

どうやってなるの？

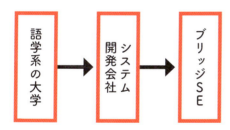

ブリッジSEには語学力が必要なので、大学などで語学を勉強しておくと良いでしょう。またブリッジSEは日本人だけではなく、現地に滞在している海外のエンジニアでブリッジSEの役割をになう人を指す場合もあります。そのため会社の募集内容をきちんと確認することが重要です。

こんな人が向いているかも！

- **語学力** 英語などの外国語を学ぶのが好きな人
- **交渉力** 家族や友だちのケンカを仲裁するのが得意な人

関係するお仕事
プロジェクトマネージャー・リーダー（P.116）

6章　ITにかかわるその他のお仕事

| アイデア力 | × | 検証力 |

新しい技術の開発に挑(いど)む！
IT研究開発

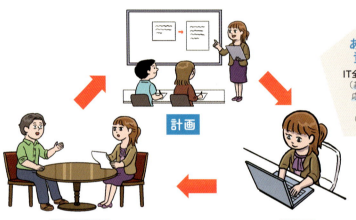

計画 / 実験 / 振り返り

あったら良い資格・知識
IT全般に関する資格
（基本情報技術者、応用情報技術者）
AIの資格
（G検定、E資格）

どんなお仕事？

会社がつぶれないようにするには、売り上げを増やしていくことが必要です。売り上げは、新しい技術や商品を生み出すことでのばすことが可能です。IT研究開発は、IoTやAIといった新しい技術を研究したり、システム開発などの業務を効率的におこなう手法を開発したりするお仕事です。特にさまざまなものがIT化されているいまの情報社会では、需要が高まっているといえるでしょう。研究や開発では、実験を何度もくり返します。そのため、何かにチャレンジするのを好む人や、新しいもの好きな人に向いているお仕事です。

キーワード

R & D（アール ディー）

研究開発は、R & D（Research and Development リサーチ アンド ディベロップメント）と呼ばれることもあります。R & DはIT業界だけではなく、自動車や食品などのメーカー、製薬会社などでも必要なお仕事です。

具体的な作業はこんな感じ！

まずは、自分の会社に足りない技術は何か、非効率な業務は何かなどを洗い出します。その中から、何を研究していくかを決めます。IT研究開発は複数人のチームで進めることが多いので、チームのみんなと会話しながら研究テーマを決めていきます。

研究テーマを決めたら、実験をどう進めていくかを計画してから、実験に進みます。実験が終わったら、結果をもとに直すべき点を考えて、次回の実験に活かします。実験をくり返すお仕事なので、「とりあえずやってみよう」と考えて取り組むことが重要です。

やりがいPOINT
新しい技術を自分で作り出せるのがおもしろい！

どうやってなるの？

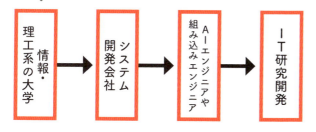

理工系の大学 情報・ → システム開発会社 → AIエンジニアや組み込みエンジニア → IT研究開発

IT研究開発にはシステム開発やAI、IoTといったはば広いIT知識が必要です。そのため、すぐにIT研究開発のお仕事をするのではなく、AIエンジニア（P.96）や組み込みエンジニア（P.88）といったお仕事を経験してから、進むのが良いでしょう。

こんな人が向いているかも！

アイデア力 文化祭の出し物のアイデアがたくさん出せる人

検証力 理科の実験など、何かを試すことが好きな人

関係するお仕事
AIエンジニア（P.96）

6章 ITにかかわるその他のお仕事

指導力 × 会話力

高校で情報科の教育をおこなう！
情報科の先生

あったら良い資格・知識
高等学校教諭免許状（情報）【必須】
IT全般に関する資格（基本情報技術者、応用情報技術者）

どんなお仕事？

情報科の先生とは、高校の「情報」という科目を教える先生のことです。「情報」はITの基礎知識を学ぶ科目であり、2022年度から導入されました。「情報」では、コンピュータやネットワーク、データベース、プログラミングの基礎知識に加えて、ITに関わる法律（著作権など）や情報をわかりやすく伝える手法（情報デザイン）も学びます。新しい科目ということもあって、全国的に先生の人数が足りていないため、需要が高まっているといえるでしょう。
生徒にITを教えるお仕事なので、勉強やスポーツを友だちや兄弟姉妹に教えてあげるのが好きな、世話好きな人に向いているお仕事です。

キーワード

授業は教科書にそったもの

学校の授業は基本的に、教科書にそって進みます。一方、後述する「ITインストラクター」というお仕事では、自分で授業の方針から考えることが多いです。そのため、教科書にそってITを教えるという点は、情報科の先生の特ちょうといえます。

具体的な作業はこんな感じ！

教科書にそって授業をおこないます。教科書だけでは説明が足りない場合は、生徒に配布するプリントを作ることもあります。小テストや定期テストの問題を作成するのもお仕事のひとつです。

高校の先生なので、授業だけではなく学校生活全体をサポートするのも重要なお仕事です。たとえば、クラスの担任や部活動の顧問になることがありますし、文化祭や修学旅行といった学校行事にも参加します。

やりがいPOINT
生徒と密接に関わるので生徒の成長をより実感できる！

 ## どうやってなるの？

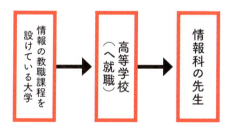

高等学校教諭免許（情報）を取得するには、情報の教職課程を設けている大学に進学し、教職課程の単位を終了（しゅうりょう）することが必須（ひっす）です。そのため学校選びのときに、情報の教職課程を設けている大学かどうかを必ず調べておきましょう。

こんな人が向いているかも！

指導力 勉強やスポーツを友だちに教えるのが好きな人

会話力 友だちや先ぱい、先生と話すのが好きな人

関係するお仕事
ITインストラクター（P.132）

6章 ITにかかわるその他のお仕事

131

指導力 × 会話力

パソコン教室や会社でIT教育をおこなう！
ITインストラクター

あったら良い資格・知識
IT全般に関する資格
（基本情報技術者、応用情報技術者）
授業で教える内容に関する資格
（AIを教えるならG検定など）

どんなお仕事？

ITを教えるお仕事には、情報科の先生だけではなくITインストラクターもあります。ITインストラクターとは、パソコン教室や専門学校、会社などでITの教育をおこなうお仕事です。どこでITインストラクターになるかによって、授業を受ける人や教える内容は、大きく異なります。

分類	主に教える相手	教える内容
パソコン教室	子どもや主婦、高齢者	パソコンやプログラミングの初歩的な内容
IT系の専門学校	18〜22歳ぐらいの専門学校生	パソコンやプログラミングの基礎〜応用
IT系の会社	自社や外部の社員	パソコンやプログラミングの基礎〜応用。仕事で必要な技術を中心に教える

キーワード

インストラクター

日本語で「指導員」という意味であり、特定の分野について指導するお仕事です。IT以外ではスポーツを教える「スポーツインストラクター」などがあります。

具体的な作業はこんな感じ！

授業で教える内容や、順番などを決めます。P.130で紹介した情報科目の場合は教える範囲が決められていますが、ITインストラクターでは何を教えるかも自分で考えることが多いです。また、3日〜1週間など、短期間でおこなう授業がほとんどです。

3日間のIT基礎コース	
1日目	パソコンの基本操作
2日目	インターネットの利用方法
3日目	アプリのインストール方法

事前に考えた内容にそって、ITについての授業をおこないます。生徒には1台ずつパソコンが用意されているケースが多いので、生徒に実際にパソコンを操作してもらいながら、授業を進めます。

やりがいPOINT
情報科に比べて応用的な内容の授業になる分、ITにより深く関われる！

どうやってなるの？

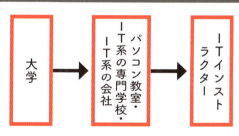

大学 → パソコン教室・IT系の専門学校・IT系の会社 → ITインストラクター

ITインストラクターは就職先によって、教える相手や内容が大きく異なります。そのため「若手社員にプログラミングを教えたい」といった、どのような内容を誰に教えてみたいかにあわせて、就職先を選ぶのが良いでしょう。

こんな人が向いているかも！

指導力 勉強やスポーツを友だちに教えるのが好きな人

会話力 友だちや先ぱい、先生と話すのが好きな人

関係するお仕事
情報科の先生（P.130）

6章 ITにかかわるその他のお仕事

| リーダーシップ | × | 文章力 |

ITに関する本を作る！
IT書の編集者

○×出版社です お世話になっております

あったら良い資格・知識
IT全般に関する資格
（基本情報技術者、応用情報技術者）
ライティングに関する資格
（Webライティング能力検定）

どんなお仕事？

ITに関する本を作るお仕事です。編集者はまず、どのような情報が読者に求められているかを考えて、本の企画を立てます。そして、著者（本を書く人）に原稿を執筆してもらったり、自分で調査や取材をして原稿を作成したりします。文章に関わるお仕事としては、P.38で紹介したWebライターもありますが、Webライターは記事の執筆のみを担当する一方、編集者は本のデザインをおこなう「デザイナー」や、イラストをえがく「イラストレーター」といった人たちともやりとりしながら、本をゼロから作りあげていきます。システムを作ることではなく、ITに関する情報発信に興味がある人に、向いているお仕事です。

キーワード

編集者

本や雑誌を作るお仕事です。一口に編集者といっても、作る本はさまざまです。ファッション雑誌を作る編集者もいれば、小説の編集者や絵本の編集者もいます。本であつかう内容に精通している必要があるので、IT書の編集者はITの初歩的な知識から、AIやIoTなどの新しい技術に関する知識を身につけることが必要です。

具体的な作業はこんな感じ！

本を作るにはまず、どのようなテーマの本にするかを決める必要があります。読者が何を知りたいと思っているかを想像しながら、著者と相談することで、本の構成を決めていきます。

著者が書いた原稿から、本の紙面を作っていきます。写真やイラストに問題がないか、誤字脱字がないかなどを注意深くチェックして完成に近づけていきます。

やりがいPOINT
自分が作った書籍が本屋さんに並ぶわくわく感がたまらない！

どうやってなるの？

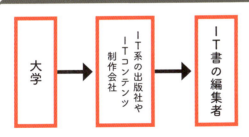

大学 → IT系の出版社やITコンテンツ制作会社 → IT書の編集者

IT書の編集者になるために情報系の大学でないといけないということはありません。ただしシステム開発はせずとも、ITに関するはば広い知識が必要なお仕事なので、就職する前にプログラミングを勉強したり、IT系の資格を取得したりしておいたほうが有利です。

こんな人が向いているかも！

リーダーシップ 学級委員やクラブ活動の部長、班長をしている人

文章力 文章を書くのが好きな人

関係するお仕事
Webライター（P.38）

6章 ITにかかわるその他のお仕事

ITのお仕事の未来

　ここまで、さまざまなITのお仕事を紹介してきました。ITといっても、お仕事によって、担当する内容や必要な能力が異なることが、おわかりいただけたのではないでしょうか。

　ITはとても進化が速い業界です。そのため将来的には、本書で紹介したもの以外にも、さまざまなITのお仕事が生まれていくと予想されます。
　たとえば、AIに関する新しいお仕事として注目を集めているのが、プロンプトエンジニアです。プロンプトエンジニアとは、AIにどのような質問を投げかければ、AIから意図した回答が返ってくるかを検討するお仕事です。本書執筆時点では、具体的にどういう作業をおこなうのかは確立されてはいませんが、今後需要は高まってくるかもしれません。

　また、比較的新しいITのお仕事としては、DevOps（デブオプス）エンジニアもあります。DevOpsとは、システムの開発（Development）と運用（Operation）が連携することで、開発と運用の双方をスムーズに進める考え方のことです。そして、DevOpsエンジニアは、DevOpsを実現するエンジニアのことです。DevOpsエンジニアも、具体的な作業が確立されているわけではありませんが、注目を集めているお仕事のひとつです。

　このように、IT業界では新しいお仕事が生まれ、今後もはばが広がっていくと予想できます。そのため、ITとどう関わることが自分に向いていそうか、さまざまな可能性をじっくり考えることで、なりたいお仕事を見つけていくのが良いでしょう。

おわりに
ITとの向き合い方

　ITのお仕事の世界はいかがだったでしょうか。『こんなにたくさんの仕事があるんだ！』とびっくりした人が多いかもしれませんね。

　ITはとても身近な存在ですが、それは誰かひとりが作ったものではなく、ITにさまざまな形で関わる人たちによって作り上げられている点も、イメージできるようになったのではないでしょうか。

　世の中には、IT以外のお仕事もたくさんあります。ただし、ITと直接関係がないように見えるお仕事でも、何らかの形でITが使われていることが多いです。そのため、将来ITとまったくふれあわないお仕事に就くのは難しいかもしれません。

そこで、ITとどのように関わることが自分に向いているのか、一度考えてみることをおすすめします。

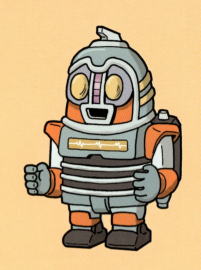

たとえば、日記は紙のノートに書くけど、予定はスマートフォンで管理しようとか、テストの点数はパソコンで管理してみようといった、身近なことからで構いません。ITは人々の生活を豊かにするために使う技術です。

ITに自分をあわせていくのではなく、ITをいつどのように活用するのが自分にとって心地良いか、イメージしてみると良いでしょう。

その際は、本書をヒントに考えてみてください。本書で紹介したたくさんのお仕事のなかから、自分が興味を持てるものを探すことで「自分はWebサイト作りがやってみたいな」「コンピュータは苦手だけど、誰かに何かを教える仕事なら興味があるな」といったことが徐々に見えてくるでしょう。

本書によって、皆さんがチャレンジしてみたいことや、将来のお仕事選びを考える手助けができたら、大変嬉しく思います。

リブロワークス

【参考文献】

朝日新聞出版
『なりたい！が見つかる お仕事図鑑』

実業之日本社
『21世紀最強の職業 Web系エンジニアになろう
AI/DX時代を生き抜くためのキャリアガイドブック』

技術評論社
『図解即戦力 AIエンジニアの実務と知識が
これ1冊でしっかりわかる教科書』

【取材協力】

株式会社KLEE
伊藤 麻奈美

シスコシステムズ合同会社
中村 隆之

株式会社サーバーワークス
中村 哲也、宇都 太陽、宮澤 慶

株式会社アトラエ
越智 涼

著者 リブロワークス

「ニッポンのITを本で支える！」をコンセプトに、主にIT書籍の企画、編集、デザインを手がけるプロダクション。SE出身のスタッフも多い。最近の著書は『AWS1年生 クラウドのしくみ 図解でわかる！会話でまなべる！』（翔泳社）、『ITパスポートをひとつひとつわかりやすく。』（Gakken）、『Excelシゴトのドリル 本格スキルが自然と身に付く』（技術評論社）など。
https://libroworks.co.jp/

自分の可能性を広げる ITおしごと図鑑

2024年9月26日　初版第1刷発行

著　者	リブロワークス
発行人	泉田義則
発行所	株式会社くもん出版

〒141-8488　東京都品川区東五反田2-10-2　東五反田スクエア11F

電話　代表　03（6836）0301
　　　編集　03（6836）0317
　　　営業　03（6836）0305

ホームページ　https://www.kumonshuppan.com/

印刷・製本	三美印刷株式会社
装幀・本文デザイン	TYPEFACE（渡邊民人 谷関笑子）
編集協力	株式会社フィグインク（坂口柚季野）
組版	株式会社アトムスタジオ（飯澤彩水）
イラスト・マンガ	タナカリヨウスケ

©2024 LibroWorks
Printed in Japan
ISBN 978-4-7743-3757-9

落丁・乱丁はおとりかえします。
本書を無断で複写・転載・翻訳することは、法律で認められた場合を除き禁じられています。また、購入者以外の第三者による本書のいかなる電子複製も認められていませんのでご注意ください。
CD34663

商品アンケート（Web回答）
こちらから

ご意見・ご感想をお聞かせください。
抽選で「図書カード」をプレゼント！

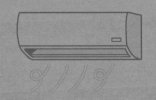

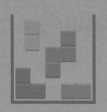